LES UTOPIES

ET

LES RÉALITÉS

DE LA

QUESTION SOCIALE

IMPRIMERIE EUGÈNE HEUTTE ET Cie, A SAINT-GERMAIN

LES UTOPIES

ET

LES RÉALITÉS

DE LA

QUESTION SOCIALE

PAR XAVIER ROUX

[Rédacteur de la *Gazette de France*

PRÉCÉDÉES

D'UNE LETTRE DE M. F. LE PLAY

———

PARIS

LIBRAIRIE JOSEPH ALBANEL

ED. BALTENWECK, SUCCESSEUR

7, RUE HONORÉ-CHEVALIER, 7

—

Dans l'étude des questions sociales nous avons été frappé de trois faits : 1° de la violence des haines socialistes ; 2° de l'insuccès des efforts tentés par les associations ouvrières ; 3° du succès qui a toujours récompensé la justice et la bienveillance des patrons envers leurs ouvriers.

Ce sont ces trois points qui font le sujet de ce livre. Puisse leur développement apporter, dans l'esprit du lecteur, la lumière et la conviction que leur étude nous a communiquées.

A MONSIEUR F. LE PLAY.

Monsieur,

Permettez-moi de vous offrir l'hommage de ce livre : j'en ai puisé l'inspiration dans vos travaux.

Les *Ouvriers européens*, la *Réforme sociale* ont enseigné aux hommes de bonne volonté deux vérités essentielles. Vous nous avez montré, Monsieur, que le Décalogue ne trace pas seulement à l'humanité la route d'une vie meilleure, mais encore que les sociétés qui en suivent les prescriptions arrivent sur la terre à la paix et à la prospé-

a.

rité. Par là vous avez conduit vos lecteurs à la connaissance d'un fait non moins important.

Avec une rare puissance d'esprit, et par une analyse d'une netteté et d'une force invincible, vous avez décrit pièce par pièce, l'édifice moral de notre pays, au temps où il était prospère. Vous en avez séparé un à un les matériaux, et vous les avez fait ressortir en pleine lumière.

. Nous avons vu alors les éléments avec lesquels nous pourrons, quand nous le voudrons, relever notre chère France et rendre à sa constitution et à ses coutumes, la solidité et la grandeur qui firent longtemps l'admiration du monde.

Dans l'étude que je livre au public, je me suis ressouvenu à chaque page de ces travaux, de votre patriotisme, et permettez-moi de le dire, de vos affectueux conseils.

Si je n'ai pas réussi à écrire un livre digne d'un maître tel que vous, j'ai du moins la certitude que ceux même qui ne partageront pas mes convictions, me loueront d'avoir à votre exemple, essayé d'être utile à mon pays.

Agréez, je vous prie, Monsieur, la respectueuse expression de mon attachement.

XAVIER ROUX.

A MONSIEUR XAVIER ROUX.

Monsieur,

La publication de votre livre sera dans notre vie littéraire un de ces événements heureux qui nous sont rarement offerts, de nos jours, par la vie politique. Je prends confiance dans l'avenir de notre race en voyant les jeunes gens de votre âge combattre les erreurs que nos pères ont inventées et qu'ont propagées trop longtemps les hommes de ma génération. Le plan que vous m'indiquez, et d'après lequel votre travail sera exécuté, répond aux nécessités de notre époque; il applique à la restauration de l'éternelle vérité, la méthode expérimentale, la seule que supportent aujourd'hui les esprits égarés. En suivant cette méthode, vous mettrez en évidence la cause de nos prospérités passées et de nos souffrances actuelles. Tôt ou tard, le public ouvrira les yeux à la lumière ; et sa reconnaissance fera votre succès.

Les calamités qui nous abaissent aujourd'hui, au dernier rang des grandes nations, ont leur principale source dans nos erreurs d'histoire. Nous tenons en médiocre estime les hommes du XVIIe siècle : et cependant ces hommes avaient rendu à notre race l'ascendant moral qui, dans les siècles précédents, avait été successivement restauré par Louis XII, puis détruit par les derniers Valois.

Les lettrés qui exercent indûment chez nous l'enseignement de l'histoire, ne citent jamais le chaste Louis XIII. Ils exaltent, au contraire, Louis XIV qui, dès son avènement, en 1661, érigea le concubinage en institution publique ; et chacun sait que ce désordre ne cessa plus, pendant un siècle, de remplir à la cour de France un rôle prépondérant.

La dépravation des mœurs redevint, comme au temps des Valois, le trait caractéristique des classes dirigeantes ; et depuis lors, elle s'est propagée jusque dans les couches inférieures de la nation. Ce mouvement persiste encore sous nos yeux, avec ses conséquences habituelles : il obscurcit partout où il pénètre, la distinction du bien et du mal; et il ebranle, de proche en proche, toutes les assises de l'édifice social.

Après les splendeurs matérielles « du grand règne », on a vu l'arbitraire des gouvernants se substituer, sous prétexte de protection, aux coutumes qui assuraient l'indépendance des anciennes autonomies locales et privées; la royauté et la noblesse détruire leur prestige de leurs propres mains; les lettrés accréditer les plus dangereuses erreurs avec le concours des salons et des académies; l'engouement pour d'imprudentes nouveautés remplacer dans les esprits le respect des plus saines traditions; enfin les trois faux dogmes nommés « principes de 1789 », ruiner pendant cinq années de violences inouïes, les institutions fondamentales, c'est-à-dire les seules qui aient jamais donné aux peuples la prospérité.

Le spectacle de ces cinq années souleva, il est vrai, en France et au dehors un sentiment d'horreur. La violence mit fin au régime de terreur que la violence avait créé : elle frappa les gouvernants de cette odieuse époque; mais elle laissa dans l'erreur la nation abusée par les sophismes du « Contrat social ». Nos pères continuèrent à penser que « les principes de 1789 » ont révélé au monde, avec une nouvelle morale, de nouveaux moyens de bonheur ; et ils ont transmis cette conviction aux hommes qui, par leurs écrits ou leurs discours, sinon par leurs actes, exercent encore une action prépondérante sur nos destinées.

Sous cette influence, la France a pu, depuis les journées de thermidor, apporter quelques palliatifs à ses maux ; mais elle est restée incapable de guérison. Depuis le Directoire jnsqu'au Septennat, la croyance aux principes de 1789 a multiplié deux classes d'hommes égarés qui empêchent toute réforme par leurs alliances et nous poussent à l'abîme par leurs rivalités. Les exaltés, aigris par le sentiment d'une si longue impuissance ou poussés par des motifs plus coupables, reprennent leurs procédés de violence dès que s'affaiblit l'horreur inspirée par la précédente catastrophe : leurs historiens préludent à chaque révolution en enseignant au peuple qu'il serait plus heureux « si on eût laissé faire » Robespierre ou Danton. Les modérés sont encore les disciples de J.-J. Rousseau ;

et ils restent convaincus que la réforme eût été immédiate si on eût suivi l'impulsion donnée à la politique et à l'économie sociale par Lafayette et Turgot. Ces tendances à la révolte et à l'illusion ont eu pour résultat une instabilité sans exemple : au 25 février 1875, elles ont complété un ensemble de onze révolutions violentes, entremêlées de dix-neuf constitutions écrites.

Cependant cette situation n'est pas sans remède ; et nos maux, à mesure qu'ils s'aggravent, font naître des compensations. Des lettrés éminents commencent à réagir contre les maîtres que les dogmes de 1789 avaient formés. Instruite par cette nouvelle école et fortifiée par la tradition religieuse, l'élite de votre génération ne croit plus à la perfection originelle, à l'égalité providentielle, ni au droit de révolte : elle prépare ainsi la restauration des grandeurs morales de Descartes, de saint Vincent de Paul et de Condé. Les propriétaires ruraux donnent de nouveau l'exemple de la vertu en reprenant les vieilles coutumes de résidence et de travail sur leurs domaines. Les manufacturiers, longtemps abusés par les sophismes de Smith et de Turgot, sont ramenés, par une dure expérience et par l'esprit chrétien, au sentiment du devoir envers leurs ouvriers. Enfin beaucoup d'hommes, enrichis par le travail, ont le noble désir de relever la France en reconstituant une vraie classe dirigeante, c'est-à-dire en consacrant leur temps et leur fortune au bien-être de tous. Ils se montrent plus réservés qu'autrefois dans leur admiration pour les grandes inventions du travail individuel, tout en continuant à condamner les utopies qu'engendre l'engouement pour la communauté. Ils voient avec satisfaction la richesse, la culture intellectuelle et la puissance créées par la grande industrie, mais ils veulent affermir, par de bonnes coutumes ab intestat la petite industrie domestique et fortifier ainsi la principale source de la vertu.

Jusqu'à présent, il est vrai, ces réformes et ces aspirations restent fort loin du but vers lequel tendent nos vœux et nos efforts : elles sont les symptômes plutôt que les garanties d'un meilleur avenir. La corruption inoculée à notre race, par les désordres de la monarchie et les violences de *la révolution, porte aujourd'hui ses fruits amers. Nous subissons la juste peine des fautes accumulées depuis deux siècles. Les hommes, qui pourraient diriger avec honnêteté et désintéressement les affaires publiques, s'excluent eux-mêmes par leur inertie ou leurs défaillances. Ceux qui dirigent n'ont guère d'autre titre que la faveur du peuple qui, après avoir usurpé la souveraineté, se montre incapable d'établir la distinction entre le bien et le mal. Ils ne sont d'ailleurs ni plus moraux, ni moins avides que les courtisans qui flattaient les rois au siècle dernier. En présence de la confusion léguée par le passé, au milieu des discordes déchaînées par la haine ou l'utopie, il est peu opportun de se mêler aux débats irritants de chaque jour, alors même qu'on s'inspire de l'amour et de la sagesse. A la complication créée par les passions du moment il faut opposer la simplicité des vérités essentielles. Notre vrai moyen de persuasion rappelle, en toute occasion et sous toutes les formes, l'enseignement fondamental de l'histoire, celui qui se résume dans les termes suivants Depuis les premiers âges les peuples ne se sont es-*

**

timés heureux que quand ils ont joui de la paix sociale; et cette paix ne leur a été acquise que sous l'empire de la loi suprême, c'est-à-dire dans la soumission au Décalogue éternel.

Telle est la tâche à laquelle vous vous êtes associé, avec un dévouement patriotique, en présence des hésitations et des égoïsmes de la politique contemporaine. Je redis que ce dévouement, visible dans vos précédents écrits, assurera le succès de votre livre. J'ajoute qu'il est, à mes yeux, le prélude d'une conduite ferme et d'une vie honorée.

Agréez, Monsieur, l'assurance de ma haute estime et de mon affection,

F. LE PLAY.

Paris, le 1er février 1876.

LES UTOPIES

ET

LES RÉALITÉS

DE LA

QUESTION SOCIALE

CHAPITRE PREMIER

ÉTAT SOCIAL, ÉTAT ÉCONOMIQUE
DE LA FRANCE

L'ancien régime offre en face du régime contemporain un contraste profond. Les temps qui précédèrent 1789, parussent-ils assombris par le despotisme des rois, l'arbitraire des juges et la corruption des grands, présentent cependant le spectacle d'un gouvernement respecté et d'un état social paisible. Les temps qui suivent cette date sont, au contraire, tourmentés, inquiets, tumultueux; le respect d'un ordre hiérarchique s'est changé en haine contre les agents du pouvoir, la déférence ou la considération qui entourait l'homme riche s'est transformé en dédain et en mépris. Que de maux dans la société que la Révolution de 89 a enfantés! Où sous l'ancienne monarchie régnait l'union, des divisions sans nombre éclatent avec fureur. Que s'est-il donc produit? De quelle source la Révolution française a-t-elle fait découler les maux qui nous inondent et qui plus d'une fois ont été près d'engloutir notre patrie?

L'explication de l'état de souffrance et de désolation où nous vivons, se trouve tout entière dans l'état social et économique qui a succédé à l'état social de 1789. L'ordre matériel et l'ordre moral ont été renouvelés ; les croyances de l'esprit et les besoins du corps ont été bouleversés. Après avoir considéré les lois révolutionnaires et leur effet, après avoir pesé les idées que les désordres de la Révolution ont répandu et accrédité, on s'étonne que la France n'ait pas sombré dans le naufrage de ses traditions nationales.

Le premier trait de l'état social créé par la Révolution est la différence profonde qui sépare les idées de la réalité des choses. Tandis que l'idée d'égalité domine les esprits, la richesse, les qualités personnelles, les distinctions honorifiques créent, en tous lieux, une saisissante inégalité ; tandis que l'idée de fraternité se répand dans toutes les intelligences, la jalousie et l'envie multiplient les haines ; tandis enfin que toutes les voix révolutionnaires répètent le nom de liberté, l'isolement grandit autour de tout homme, et l'intolérance impose à la société ses tyranniques prescriptions.

Les autres traits du régime nouveau n'indiquent pas moins de misère et de malheurs.

Les lois qui triomphèrent au milieu des bouleversements de la Révolution, violent déjà les droits de l'homme lorsqu'il est encore dans le sein de sa mère. Tandis que, sous l'ancienne législation, la fille séduite jouissait du pouvoir de contraindre le séducteur, à lui payer une indemnité, avec laquelle elle pourrait élever son enfant, la législation révolutionnaire associe au malheur et à la misère de la femme trompée, l'enfant naturel. Le pauvre petit être naît dans les tristesses de cet abandon. Que fera sa mère, depourvue de tout secours et réduite à l'inac-

tion ? L'enfant, soit qu'il ait été confié clandesti-
nement aux soins d'un hospice, soit que sa malheureuse mère l'ait gardé auprès d'elle, l'enfant
devenu grand ira grossir le nombre des mécontents et des déshérités. Il passera sa jeunesse
privé de tout conseil, en proie à ses passions,
et deviendra une victime prête à tous les désordres, dont il espérera tirer une vengeance,
contre cette société qui n'a tenu nul compte de
la faiblesse et de l'innocence de ses premières
années!

L'enfant atteint l'âge de l'école. Avant les
années de la Révolution, la plupart des hameaux
avaient leur instituteur, et l'instruction publique
venait prêter une force au sentiment naturel qui
retient l'homme dans les lieux où il a passé son
enfance. Depuis la Révolution française, non-
seulement tous les hameaux n'ont pas de maison
d'école, mais encore un nombre important de
villages en manquent tout à fait. D'ailleurs
quelle instruction reçoivent les enfants? A
peine ont-ils quitté l'œil du maître qu'ils abandonnent leur village. Il faut entendre ici les
plaintes universelles qui, de tous les points de la
France, ont été adressées à l'Assemblée natio-

nale sur le caractère malheureux de l'instruction publique.

« L'enfant du village, dit à l'Assemblée nationale le préfet de la partie française du département du Haut-Rhin, n'apprend rien à l'école de ce qui lui serait utile, on y fait de tout excepté de l'agriculture [1]. »

« Les bras tendent de plus en plus à manquer pour les travaux agricoles, disent les rapports du Doubs. L'instruction n'est pas dirigée dans un sens favorable à l'agriculture. La plupart des enfants des cultivateurs un peu aisés, émigrent vers les grandes villes [2]. »

Dans le Jura, « l'influence de l'instruction n'est pas favorable à l'agriculture ; les enfants lettrés et intelligents sont envoyés dans les villes par les parents [3]. »

Dans l'Aisne, « l'instruction dans les campagnes manque d'une sage et utile direction [4]. »

Dans les Ardennes, « l'instruction recherchée bien suivie, n'est pas dirigée dans un sens fa-

1. Rapport sur les réponses faites aux questionnaires adressés aux présidents de chambres de commerce, chambres consultatives, conseils de prudhommes et comices agricoles, page 211.
2. Page 214. — 3. Page 215. — 4. Page 217.

vorable à l'agriculture. Elle tend, dit le comice de Sedan, à pousser les jeunes gens vers l'industrie et les administrations [1]. »

Dans la Seine-Inférieure, « partout les comices réclament, dans les écoles de campagne, des notions d'agriculture, une instruction mieux dirigée qui retiendrait pour les travaux de la terre une population de jeunes gens qui n'aspirent qu'à émigrer vers les villes [2]. »

Dans le Maine-et-Loire, « les enfants vont à l'école jusqu'à l'âge de 12 ans. Ceux qui montrent le plus de dispositions abandonnent la profession de leurs parents et se dirigent vers les villes. Rien n'est organisé pour l'enseignement agricole [3]. »

Dans la Vendée, « l'école dirigée dans un sens peu favorable à l'agriculture, est considérée comme une cause déterminante de la dépopulation et de l'émigration vers les centres [5].

Dans la Nièvre, « l'instruction tend à diriger les enfants bien plus vers les carrières de l'administration ou du commerce, qu'à les retenir attachés au sol [4]. »

1. Page 219. — 2. Page 221. — 3. Page 225. — 4. Page 228. — 5. Page 234.

Dans l'Allier, « l'instruction est en progrès dans les campagnes, mais elle n'est pas dirigée dens un sens favorable à l'agriculture. L'enseignement donné aux enfants, surtout aux filles, les entraîne à émigrer vers les villes [1]. »

Dans l'Isère « les enfants qui reçoivent une intrution primaire un peu complète, désertent la campagne. Un enseignement agricole sérieux, arrêterait l'émigration en inculquant, dès leur bas âge, aux jeunes enfants, le goût de l'agriculture qui tend de plus en plus à se perdre [2]. »

Dans la Savoie « l'instruction mal dirigée rend les enfants désireux de chercher une profession en dehors de l'agriculture [3]. »

Dans les Bouches-du-Rhône, « l'instruction qui n'est pas assez dirigée dans un sens favorable à l'agriculture, pousse les enfants vers les villes et vers l'industrie [4]. »

Dans l'Hérault, « les enfants fréquentent les écoles, mais, dans les campagnes, l'instruction les éloigne de l'agriculture [5]. »

Dans la Gironde, « l'instruction primaire n'est

1. Page 236. — 2. Page 240. — 3. Page 241. — 4. Page 244 — 5. Page 246.

pas dirigée dans un sens favorable à l'agriculture il semble, au contraire, dit le préfet, que l'enfant qui a le mieux profité des avantages de l'instruction est le plus empressé à quitter les champs ; pour ceux-là, généralement, le travail de la terre est presque une honte[1]. »

Dans l'Aveyron, « l'attachement au sol n'est pas le résultat des leçons reçues dans les écoles ; il provient de la famille et de la tradition[2]. »

Dans la Haute-Garonne, les causes de la diminution de la population agricole sont entre autres « l'extension de l'instruction qui, mal dirigée, fait abandonner les professions agricoles[3]. »

Dans l'Aude, « le comice agricole de Narbonne déclare l'instruction primaire mal dirigée et attribue à son influence l'abandon des professions agricoles[4]. »

Dans l'Ariége « l'instruction primaire a une influence très-défavorable à l'agriculture[5]. »

Dans les Pyrénées-Orientales, « dans les campagnes, la population diminue ; l'influence de l'instruction n'est pas favorable à l'agriculture[6]. »

1. Page 250. — 2. Page 252. — 3. Page 253. — 4. Page 254. — 5. Page 255. — 6. Page 255.

Dans les Basses-Pyrénées, « l'instruction laisse beaucoup à désirer. Dans les campagnes, la population diminue par suite de l'émigration vers les grands centres et aussi vers l'Amérique [1]. »

Cette longue série n'est-elle pas désolante ? Le lecteur ne voit-il point passer devant ses yeux ces files, sans cesse augmentées de nouvelles recrues, attirées dans les grandes villes par l'erreur et l'illusion que l'instruction publique a fait naître dans leur esprit ? Nos campagnes deviennent désertes, nos foyers d'agitation s'agrandissent.

Les années d'école sont terminées. Le jeune homme entre en apprentissage. Avant 1789, l'apprentissage était dans la vie de l'ouvrier le moment où il recevait, sous la vigilance de ses parents et sous le contrôle d'hommes honnêtes, la direction qu'il suivrait dans sa carrière. Les garanties qui environnaient l'apprenti, et les soins imposés au maître qui devait le former, faisaient de l'acte d'apprentissage un acte important, solennel. Depuis 1789, qu'est-ce le plus souvent qu'un apprenti ? Un enfant voué à un métier, qui sert à tout emploi. Les parents demandent

1. Page 255.

des garanties : ces garanties sont illusoires et les lois insuffisantes. Le tribunal qui jugerait le patron prévaricateur serait lui-même impuissant : tant de maîtres se délivrent du souci de former un apprenti ! Ainsi privé de protection, grâce aux lois révolutionnaires, le jeune ouvrier apprend à détester le patron qui le délaisse, aussitôt qu'il apprend à connaître les apparences de son métier !

Les droits de l'ouvrier seraient-ils plus respectés par les lois révolutionnaires ? Avant 1789, l'ouvrier trouvait la protection de ses droits, dans les statuts d'une association nommée par la corporation. Ces statuts faisaient au patron, une obligation de veiller sur ses ouvriers, comme sur les membres de sa famille, et imposaient des lois sévères, pour régler les rapports de l'ouvrier avec le patron. L'association achevait par elle-même l'œuvre des statuts. Pendant que les tribunaux du corps de métier faisaient respecter les droits de l'ouvrier, le contact fréquent du maître et du serviteur engendrait des rapports de bienveillance qui rendaient souvent inutile l'action des juges. Enfin, l'ouvrier trouvait dans l'union des hommes qui avaient les mêmes intérêts que lui, un moyen de lutter avec succès pour le triomphe de ses droits.

Depuis la Révolution de 1789, quel changement? Il est interdit à l'ouvrier d'unir ses forces à celles des compagnons de sa vie; il lui est interdit de former toute association qui aurait pour but de développer ses qualités. Le seul pouvoir qui lui ait été accordé — celui de se coaliser — a pour but de favoriser l'explosion de son mécontentement ou de ses haines. Réduit à cet isolement, l'ouvrier est livré par les lois révolutionnaires, à la spéculation des maîtres et aux incertitudes du travail. Enivré de sa solitude qu'il prend pour la liberté, excité souvent par la conduite d'un patron qui le garde ou le renvoie, augmente son travail ou diminue son salaire, selon la loi de l'offre ou de la demande, l'ouvrier se laisse entraîner par les caprices de son esprit : il quitte l'atelier où il croit travailler de trop longues heures, il va et vient suivant les mouvements de salaire qui le séduisent, et ne prévoit jamais les temps tristes du chômage, que l'avidité du maître provoquera peut-être. Ah ! les ouvriers maudissent l'ancien régime, mais enfanta-t-il jamais, dans ses jours les plus sombres, des désordres pareils à ceux dont la classe ouvrière est aujourd'hui le jouet ? Priva-t-il les ouvriers de leurs droits essentiels ? Fit-il jamais triompher la doctrine barbare, qui oublie le soin des familles, pour ne s'occuper que des chances de la vente et du bon marché des services? qui a pour but d'enrichir les patrons en épuisant sans compensation et avec un art raffiné les forces de l'ouvrier? L'ancien régime, en un mot, plaça-t-il jamais l'ouvrier dans l'alternative de subir les tyrannies de son maître, ou de secouer son joug par les coups de la violence?

Il faut encore aller plus avant pour connaître dans sa misère, l'état que la Révolution française a préparé aux ouvriers. Si la situation économique du pays était bonne, les lois nouvelles ne seraient pas pour cela moins mauvaises; du moins elles ne développeraient pas au dehors, les germes funestes qu'elles contiennent. Or, l'état économique n'est point bon.

Le rapport fait à l'Assemblée nationale sur la condition des salaires en France, montre la réalité de la situation actuelle, que tant d'économistes se plaisent à élever au-dessus de celle que vit le dernier siècle de l'ancien régime!

Le rapporteur établissait dans les termes suivants la comparaison entre l'état des classes ouvrières en 1776 et en 1871 :

« Il importait de savoir, dit **M.** Ducarre, quelle était, dans les 12 milliards de produits annuels de l'industrie française, la valeur de la matière première (produits agricoles français ou importés), et celle de la main-d'œuvre (salaire, frais de fabrique et bénéfices). Les recherches, à cet égard, semblent indiquer, qu'en 1788, dans le milliard de produits fabriqués à cette époque, la matière première entrait pour 40 pour 100, et la main-d'œuvre 60 pour 100.

« En 1850, la proportion était : matières premières 56 pour 100, main-d'œuvre 44 pour 100.

« Enfin, en 1873, la proportion était ainsi répartie : main-d'œuvre 40 pour 100, matière première 60 pour 100 ; c'est-à-dire la proportion exactement inverse de 1788 ; en d'autres termes, dans les 12 milliards de produits fabriqués, la matière première entrait pour 7 milliards 200 millions, et la main-d'œuvre pour 4 milliards 800 millions.

« Mais, pendant que la part réclamée par la main-d'œuvre dans le prix de revient des objets fabriqués diminue, il importe de remarquer que la hausse des salaires est constante : ils ont presque triplé depuis le commencement du siècle. Dans les vingt dernières années, cette hausse est de 40 pour 100 (2 pour 100 par an).

« Ce n'est donc pas au bas prix des salaires, conclut M. Ducarre, qu'on doit la baisse du prix de revient des produits industriels français ; mais à d'autres causes en tête desquelles il faut noter l'emploi des machines, le perfectionnement de l'outillage et des procédés de fabrication. »

A quoi bon discuter les raisons apportées ici pour faire croire que le nouveau régime est supérieur à l'ancien ? Les annexes du rapport de M. Ducarre fournissent contre ces conclusions des preuves plus décisives que ne le serait notre réplique. Voici, d'après les comptes rendus détaillés des préfets, la situation proportionnelle des salaires et des denrées :

Dans l'Aube, « les salaires ont augmenté de 5o pour 100 depuis 5o ans : *le prix des denrées paraît avoir suivi une progression analogue* [1]. »

______

[1]. Rapport de M. Louis Favre à la commission chargée d'étudier les conditions du travail en France, page 208.

Dans les Vosges, « les salaires et les objets nécessaires à la vie, ont augmenté *proportionnellement* [1]. »

Dans la Haute-Saône, « salaires et denrées ont augmenté *proportionnellement* d'un tiers [2]. »

Dans le département du Haut-Rhin, « salaires et denrées ont augmenté *proportionnellement* de 26 pour 100 [3]. »

Dans le Jura, « salaires et denrées ont augmenté *proportionnellement* de 25 pour 100 [4]. »

Dans l'Aisne, « salaires et denrées ont augmenté *progressivement* [5]. »

Dans les Ardennes, « les salaires et les denrées ont augmenté *proportionnellement* [6]. »

Dans Seine-et-Oise, « les salaires et denrées ont augmenté *proportionnellement* [7]. »

Dans le Calvados, « salaires et denrées ont augmenté *proportionnellement* de 25 pour 100 depuis vingt ans [8]. »

Dans la Seine-Inférieure, « les salaires ont *augmenté en proportion des denrées*, mais le chômage est la plaie du département, la cause permanente de misère. A Elbeuf, au lieu d'aug-

1. Page 210. — 2. Page 210. — 3. Page 211. — 4. Page 214. — 5. Page 217. — 6. Page 218. — 7. Page 220. — 8. Page 220.

mentation, il y a eu *diminution d'un dixième dans le salaire* [1]. »

Dans l'Eure-et-Loir, « augmentation *proportionnelle* sur les denrées et les salaires [2]. »

Dans l'Ille-et-Vilaine, « augmentation de 50 pour 100 sur les vivres et les salaires [3]. »

Dans le Morbihan, « salaires *très-peu augmentés ; objets nécessaires à la vie doublés de prix* [4]. »

Dans les Côtes-du-Nord, « salaires et denrées augmentées *proportionnellement* [5]. »

Dans la Vendée, « les salaires qui *n'ont pas augmenté ne sont pas en proportion avec les denrées dont le prix s'est élevé d'un tiers* [6]. »

Dans le Cher, « les salaires et denrées ont augmenté *presque proportionnellement* [7]. »

Dans le Loiret, « partout les salaires ont augmenté *proportionnellement* avec les objets nécessaires à la vie [8]. »

Dans le Loir-et-Cher, « les réponses signalent la *modicité des salaires* dans les manufactures de Romorantin. Partout ailleurs augmentation *proportionnelle* des salaires et des denrées [9]. »

---

1. Page 221. — 2. Page 222. — 3. Page 228. — 4. Page 226. — 5. Page 226. — 6. Page 227. — 7. Page 229. — 8. Page 230. — 9. Page 230.

Dans l'Indre, « les salaires et denrées semblent avoir augmenté dans la *même proportion* [1]. »

Dans l'Indre-et-Loire, « salaires et denrées ont augmenté *progressivement* [2]. »

Dans la Nièvre, « les salaires et objets nécessaires à la vie ont augmenté *proportionnelle-ment*, mais ce qui a le plus augmenté, dit le rapport, c'est le nombre de ces objets [3]. »

Dans la Loire, « les salaires et les denrées ont augmenté *proportionnellement* d'un tiers [4]. »

Dans les Basses-Alpes, « les salaires ont augmenté d'un dixième depuis six ou sept ans, et *proportionnellement* avec les objets nécessaires à la vie [5]. » « La population agricole a diminué en cinq ans de 2 pour 100 environ, par suite de l'insuffisance des salaires [6]. »

Dans la Lozère, « *salaires et denrées augmentées de 30 pour 100* [7]. »

Dans l'Ardèche, « les salaires et les objets de consommation *sauf les vêtements* ont augmenté *proportionnellement* d'un tiers [8]. »

Dans la Drôme, « augmentation de 25 pour

1. Page 232. — 2. Page 233. — 3. Page 234. — 4. Page 238. — 5. Page 242. — 6. Page 243. — 7. Page 246. — 8. Page 246.

100 dans le prix des salaires et des objets nécessaires à la vie [1]. »

Dans la Corse, « les salaires sont restés *stationnaires*, mais, eu égard à la sobriété des ouvriers, au peu de besoin des Corses, ils sont suffisamment rémunérateurs. *Quelques denrées ont augmenté de 25 pour 100*, mais le pain n'a pas varié depuis dix ans [2]. »

Dans la Dordogne, « augmentation proportionnelle de 25 à 30 pour 100 dans les salaires et les denrées nécessaires à la vie [3]. »

Dans la Charente-Inférieure, « les salaires ont augmenté d'un *tiers* depuis dix ans. Le prix des objets nécessaires à la vie *s'est élevé* de 30 à 40 pour 100 [4]. »

Dans le Lot, « les salaires et les denrées *ont augmenté* de 50 pour 100 [5]. »

Dans l'Aveyron, « les salaires ont augmenté de 10 à 25 pour 100 ; *les denrées dans des proportions considérables* [6]. »

Dans le Tarn-et-Garonne, « les *salaires n'ont pas augmenté en proportion des objets nécessaires à la vie* [7]. »

1. Page 247. — 2. Page 247. — 3. Page 250. — 4. Page 250. — 5. Page 251. — 6. Page 251. — 7. Page 252.

Dans la Haute-Garonne, « les objets nécessaires à la vie ont augmenté en proportion des
sa laires [1]. »

Dans l'Ariége, « les salaires ont *légèrement*
augmenté, les denrées alimentaires *considérablement* [2]. »

Dans les Pyrénées-Orientales, « les salaires et
les denrées ont augmenté proportionnellement·
de 50 pour 100 [3]. »

Huit départements seulement ont un salaire
supérieur au prix des denrées : les Bouches-du-
Rhône, la Gironde, l'Aude, l'Isère, l'Allier, la
Sarthe, la Haute-Savoie, l'Hérault.

Dans cette énumération, le rapporteur n'a pas
compris la ville de Paris. A Paris, la moyenne
du salaire est, pour les hommes, de 4,99 et pour
les femmes, de 2,78.

Quel défenseur du régime nouveau oserait
maintenant élever le xix⁰ siècle, qui a réalisé
les idées de la Révolution française, au-dessus
du xviii⁰, le plus malheureux des siècles de la
monarchie française ?

Mais il est un dernier fait, — fait grave entre

1. Page 253. — 2. Page 255. — 3. Page 254.

tous, — qui fera ressortir l'état d'isolement, de faiblesse, de souffrance, de désastre pour tout dire, auquel les lois révolutionnaires ont condamné notre pays.

Avant 1789, lorsque l'ouvrier, à force d'activité, de constance et d'économie avait fondé un atelier et une maison, il pouvait, en mourant, léguer à ses enfants le fruit de ses efforts. Son atelier, ne fût-il qu'une échoppe, ses enfants le recevaient intact des mains paternelles et concentrant leur ardeur sur son développement, ils l'agrandissaient pour le laisser intact encore à leurs descendants. Au bout de deux générations, l'échoppe, grâce au pouvoir dont jouissait le père de famille de disposer de ses biens en mourant, était devenu une boutique et un grand atelier. Dès lors toutes les générations qui se succédait héritaient d'un bien-être commun. Qui voudraient dire que les ouvriers ne recueillaient pas entre tous, des avantages incomparables de la liberté de tester? Le père étendait par elle son influence jusqu'après sa mort : il épargnait à ses fils de recommencer à la base l'édifice de leur fortune; les legs de son activité et de son économie leur permettait d'aspirer au bien-être des riches.

Les lois faites en 1789 sont-elles à ce point protectrices du droit des ouvriers? Veillent-elles avec un soin aussi jaloux, sur le sort de l'ouvrier, sur l'avenir de sa famille? s'inquiètent-elles d'épargner à chaque génération, les efforts des générations précédentes? accordent-elles aux enfants le bénéfice des vertus du père?

Non.

Contraste douloureux! tandis que la Révolution française se faisait au nom des droits de l'homme, qu'elle prétendait relever les pauvres de leur abaissement, les délivrer de ce qu'on nommait alors les chaînes de l'esclavage et les faire monter à la liberté, les révolutionnaires promulguaient une loi, oublieuse des sentiments d'affection qui sont la joie du cœur de tous les pères; ils déclaraient que le père est impuissant à diriger ses enfants avec justice, et posant comme un dogme que l'État possède assez de vertus et d'habileté pour veiller sur l'avenir de la jeunesse, ils retiraient au père, avec le droit de disposer de ses biens, le pouvoir de léguer intact à ses descendants, l'atelier ou le champ qu'il avait gagné à la sueur de son front.

Depuis lors que voyons-nous? un ouvrier se

dévoue-t-il avec ardeur à la tâche qu'il a entreprise ? a-t-il fondé une boutique ou acheté une maison ? a-t-il acquis un champ où tous ses enfants travaillent ? a-t-il mérité, par ses vertus, d'être placé dans les rangs des petits propriétaires ? S'il vient à mourir, la trace de ses qualités, quelquefois héroïques, disparaît avec lui. Son atelier et sa maison sont *forcément* divisés, son champ est *forcément* partagé. Ses enfants doivent recommencer l'édifice de leur prospérité !

Or, ce travail de reconstruction, borné à creuser les fondements, qu'imposent les lois révolutionnaires à chaque génération qui se lève, c'est la défense portée contre les ouvriers d'arriver à la fortune. La fortune ne s'acquiert pas par la volonté d'un seul homme : il y faut le plus souvent, les vertus, l'activité et l'habileté de plusieurs générations. Les lois de la révolution rendent presque stériles, ces vertus, cette activité, cette habileté. Si même on regarde les frais qui grèvent la succession de l'ouvrier; le mal produit par la loi du partage forcé est sans limites : il retire aux enfants dans certains cas le droit à l'héritage [1], et cela, qui le croira ?

---

1. Voir le tableau placé à la fin de l'ouvrage.

pour permettre à l'État, à l'État seul, d'engloutir dans ses trésors, le fruit d'une vie de travail !

Voilà les lois nouvelles qui ont remplacé les traditions de la France !

Qui s'étonnera maintenant du contraste signalé au début de ce chapitre. Si à travers les temps qui précédèrent 1789, l'œil n'aperçoit pas de haines sociales, ni de terribles inquiétudes, c'est que les malheurs n'étaient que des abus, c'est que les facultés humaines, les fortes aspirations du cœur, et ce qui constitue vraiment dans l'âme et dans le corps, les droits de l'homme, pouvaient librement se satisfaire.

Au contraire, si depuis la Révolution, la France est comme bouleversée, ne trouvant pas d'équilibre, inquiète, allant du despotisme à la révolte, qu'on ne dise pas que c'est aux excitations dangereuses, aux haines politiques, qu'il faut attribuer une si déplorable instabilité. Non. Si nous trébuchons, si chacun de nous se croit un réformateur, c'est que la société manque de base, c'est qu'on a retiré à l'homme la plupart des droits qui amènent son bien-être, c'est qu'en quelque moment de la vie où nous nous trouvions, nous ne rencontrons pas la suffisante protection que toute société prospère donne à ses membres. L'homme est isolé ; ou il est livré sans défense aux caprices d'un patron, ou il devient hélas ! la proie d'un enseignement malsain, parce qu'il a fait naître de funestes ambitions. On croit avoir assuré la société quand on a créé une police invincible. Multipliez le nombre de vos gendarmes. Tant que vous n'aurez pas élevé un édifice de loi, tel que l'ouvrier, l'ouvrier surtout, le bourgeois et le riche l'aiment, s'y sentent à leur aise, y trouvent une excitation au bien, un abri dans le malheur, n'espérez rien des déploiements de votre force. L'ordre matériel, nos révolutions le prouvent, n'a rien valu, parce que la législation, et les coutumes nées de cette législation, n'assuraient pas l'ordre moral !

CHAPITRE II

D'OU NAISSENT EN FRANCE LES HAINES SOCIALES

La France est un pays malade qui ne connaît pas les causes de sa maladie. Le mal la tourmente, l'inquiète, l'effraye, lui fait craindre la mort. Demandez-lui la cause de ses angoisses, regardez les adoucissements qu'elle recherche. Elle traite son malaise au hasard. Une douleur la fait-elle souffrir, vite elle applique des remèdes au point où cette douleur paraît ; des révoltes éclatent, elle les comprime ; des grèves troublent le travail, elle les apaise. Mais de songer à la source de ses maux, de vouloir en connaître les causes pour les détruire, notre pays, hélas ! n'en a pas le souci. Quand donc se lèvera une législature courageuse ? Quand donc les hommes d'État oublieront-ils leurs préjugés ? La lumière

est faite sur les sanglants désordres de la Révolution : elle ne semble pas faite encore sur les
lois funestes qu'elle nous a léguées. Cependant
les assassinats, les meurtres appartiennent au
passé, tandis que ses lois agitent les temps où
nous sommes !

L'ignorance du mal qui tourmente notre pays
est particulièrement visible dans les haines des
ouvriers, et dans les efforts qu'ils tentent pour
arriver à la paix et à la sécurité dont leurs ancêtres jouissaient avant 1789 : elle éclate dans
les sentiments qu'ils expriment sur la « question
sociale. » Ces sentiments sont de véritables utopies. Cette ignorance et ces utopies s'expliquent hélas ! lorsqu'on regarde la source où les
ouvriers puisent leur mécontentement et leur
haine.

Le chapitre précédent nous a montré que les
lois de 1789 retiraient à l'ouvrier, quelques-unes
des protections qui lui sont dues et sont nécessaires à la prospérité de son existence : elles
l'abandonnent dès son enfance, le livrent à des
excitations malsaines, le contraignent parfois à
des révoltes ou à d'injustes soumissions et lui
retirent le bien le plus doux : celui de pouvoir

transmettre à ses enfants le fruit intact de ses travaux et de ses vertus. La plus abondante source du mal est dans ces lois. Ainsi délaissé dans toute la suite de sa vie, ses efforts ainsi trompés au moment de sa mort, l'ouvrier aigrit les tristesses de son abandon par la haine de la société qui l'abandonne; entraîné à espérer plus qu'il ne pourra jamais atteindre, il enflamme ses déceptions par la haine de la société qui ne satisfait pas ses ambitions; convaincu qu'il ne peut faire respecter ses droits contre des maîtres injustes, que par les ressources de la force, il accroît sa violence, de la haine contre la société qui l'opprime; victime de la loi qui lui retire la part la plus précieuse de l'héritage paternel, il n'a plus pour la famille le respect qu'à défaut d'autres sentiments, l'espérance des biens matériels sait conserver; il étend enfin son indifférence ou son dédain du père, qui est la première autorité sociale, aux puissances hiérarchiques de la société. Alors l'ouvrier, devenu la proie de ses passions, est le soldat prêt de toutes les révoltes. Mais comment la répression calmerait-elle son mal, lorsque les désastres de l'insurrection frappent sa tête avant celle des autres, et qu'ils viennent ajouter leur amertume aux amertumes de sa vie !

Cette situation matérielle et morale où les lois révolutionnaires jettent les ouvriers s'exprime par deux faits, dont le sens et la gravité n'ont pas été suffisamment étudiés. Le premier de ces faits est la concentration de la haine des travailleurs, sur un sujet unique ; sur les patrons et les richesses qui les constituent patrons. Les patrons seraient-ils infidèles à leur mission ? Le second est dans les tendances des ouvriers à tenter eux-mêmes, ce qu'ils nomment l'émancipation du salariat. Les ouvriers seraient-ils esclaves ?

La haine contre le capital et les possesseurs du capital, tel est, en vérité, le ver qui ronge le cœur de la population ouvrière. Les ouvriers ne s'inquiètent guère, ne les connaissant pas, des lois qui empêchent leurs intérêts de prospérer ; les ressentiments qu'ils éprouvent, les portent contre les hommes qui font les lois, contre ceux à qui la richesse donne le pouvoir de les modifier, contre la société assise sur ses lois !

Une loi qui protégerait les filles du peuple

contre la séduction des riches, à peine quelques hommes (peut-être victimes plus malheureuses de la législation qui interdit la recherche de la paternité), la réclament-ils au milieu des clubs et des réunions ouvrières. L'ensemble qui en subit le malheur ne se préoccupe pas de cette réforme.

Une loi qui donnerait à notre enseignement primaire une utile direction, les ouvriers ne savent pas quelle serait cette direction. Le plus souvent ils ne voient pas le mal dont ils souffrent, et que signalent les chambres de commerce et les comices agricoles de la France entière. Ou bien, hélas! ils sont entraînés par les ambitieux de la politique, à voir le mieux où se trouve le pire, à considérer l'instruction laïque et obligatoire comme une panacée!

Une loi d'apprentissage! ah! cette loi, les ouvriers en sentent aujourd'hui l'absence : ils la demandent à grands cris. Leurs cris sont souvent étouffés par la misère, qui les contraint à envoyer leurs enfants, à des ateliers où le titre d'apprenti mérite une rétribution, quelle que soit la conduite du maître. La haine que l'ouvrier ressent contre le capital, s'augmente de cette impuissance, et ainsi redoublée, elle s'élève avec plus de violence, contre celui qui possède la richesse et en fait un injuste usage !

Une loi qui leur accorderait la protection de leurs droits, les ouvriers en éprouvent le besoin; mais ils ne savent que désirer et que vouloir. Ceux qui sentent le plus amèrement la solitude que les décrets de 1791 ont créée autour d'eux, en viennent à solliciter, sous le nom de protection, des lois exclusives et autoritaires [1]. Et d'ailleurs,

1. « Je signalerai un mémoire assez étendu, envoyé par le comité des ouvriers de la construction de la ville de Nantes.

« Ce mémoire renferme des idées souvent peu applicables :

« Je citerai comme exemple leurs griefs contre l'emploi des machines, qu'ils regardent comme une des causes de chômage, — contre le capital auquel ils attribuent la faculté de faire marcher ou d'arrêter les affaires à son gré.

« Quant aux grèves, ils pensent que les conditions fixées par elles, entre patrons et ouvriers, ne pourraient pas recevoir leur *application pendant plus de quelques mois*, et pour les supprimer ils ne voient qu'un moyen, en « dehors de « l'intérêt qu'on pourrait donner à la main-d'œuvre dans « toutes les entreprises, celui de *l'abolition de la concur-* « *rence*, dont on a si fatalement fait la base de la loi des « adjudications. »

« Les patrons et les ouvriers, dit le rédacteur du rapport, sont mécontents les uns des autres et ils en ont réellement lieu, car si d'un côté les patrons, exclusivement préoccupés des responsabilités qui pèsent sur eux, ne songent qu'à résister aux réclamations des ouvriers, ceux-ci à leur tour, dé-

les mille expériences que les ouvriers ont faites
en vain, les mille doctrines qui ont traversé leur
esprit, ont persuadé au plus grand nombre que
les lois ne pouvaient rien, et que les patrons
étaient tout. Comment s'étonner que les ouvriers
aient alors tourné contre les patrons, les sentiments d'indignation et de révolte que l'insuffisance et la cruauté des lois révolutionnaires excite dans leur cœur ?

Les ouvriers enfin, ne savent pas quelle source
de malheurs engendrent dans leur foyer, dans
leur atelier, dans les relations de la vie, dans
la fondation d'une maison, la loi qui leur pres-
crit au moment de mourir, de diviser chacun des
objets qui leur a appartenu ; qui les condamne à
briser au détriment de leur descendant, pour le
profit de l'État, la faible fortune dont l'unité constituait la force, — fortune qui émiettée, disparaît
au premier vent de l'adversité, dans le premier

couragés de leur position précaire négligent de s'instruire et
restent indifférents au succès de l'entreprise.

« Ce mémoire, nous devons le dire, a été rédigé avec *une
conviction sincère, et il est impossible de méconnaître le
désir qu'éprouvent les signataires de voir s'aplanir les dé-
saccords, les malentendus entre ouvriers et patrons.* »
(Rapport de M. Louis Favre à la commission chargée
d'examiner les conditions du travail en France, page 255.)

entraînement des passions, et souvent dans le premier effort tenté pour l'augmenter. Au contraire, l'ouvrier français s'est persuadé que l'égalité du partage des biens est une des sauvegardes de sa dignité. Si on essaye de le détromper, il se révolte; si on essayait de le ramener brutalement aux conditions légales qui assuraient à ses ancêtres, la force et la paix, peut-être repousserait-il par la violence ce bienfait incomparable. Il préfère rester dans son malheur, il préfère consacrer aux officiers ministériels ce qu'il donnerait, s'il avait la liberté de tester, à ses enfants besogneux. La loi du partage égal pourrait s'appeler loi de partage entre l'Etat, qui prend la plus grosse part de la faible fortune de l'ouvrier, et les enfants qui en ramassent les débris. Qu'importe? l'ouvrier la préfère, parce qu'on lui répète que cette loi est une loi d'égalité.

Ah! pour nous, nous ne sommes pas étonnés devant la résistance des possesseurs du capital contre la liberté de tester, de la haine sociale qui vient troubler leur calcul et menacer leur tête. Vous empêchez le père pauvre de placer les fondements de l'avenir de son fils, vous retirez de dessous les pieds du fils, les échelons de la fortune, et vous ne voulez pas, quelque illusionné, quelque égaré que soit ce fils, que son malheur l'emporte à condamner les hommes, les patrons, les industriels, tous ceux enfin qui dirigent cette société dans laquelle après la mort de son père, il est ramené de l'aisance à la pauvreté !

Ce délaissement de l'ouvrier, que la Révolution s'est plu à consacrer par des lois, a du reste fortifié, au milieu de nous, une doctrine et des coutumes, bien faites pour augmenter encore la colère des populations laborieuses.

Puisque les lois de notre pays créent l'isolement autour de tout homme qui travaille, et qu'elles décorent cet isolement du nom de liberté, puisqu'elles lui retirent les protections, auxquelles la nature de ses travaux lui donnait droit dans l'ancien régime, pour ne lui en laisser que d'illusoires, puisque enfin ces doctrines et ces pratiques dominent les patrons aussi bien que les ouvriers, leur dernière conséquence n'amène-t-elle logiquement pas le triomphe de la formule égoïste « chacun pour soi » ? En réalité, les économistes se sont emparés de ces sentiments barbares et leur ont donné des noms scientifiques ; ils l'appellent dans leur langage

« la loi de l'offre et de la demande. » A leur tour, les nouveaux législateurs l'ont adoptée, et la protégent contre la force des choses. Qui ne devine devant ces doctrines, les suites désastreuses qu'elles provoqueront? Qui ne voit les patrons avides, multiplier leurs efforts, pour accroître par tous les moyens qui ne tombent pas sous le coup de la loi, la fortune de leur maison? Ils cherchent sans cesse les ouvriers qui consentiront à travailler au plus bas prix. Il ne s'agit plus pour eux de considérer dans l'ouvrier, un auxiliaire ou un domestique : ils ne voient en lui qu'un instrument de fortune, bon à conserver tant qu'il sera utile, et digne d'être rejeté le jour où un accident ou la vieillesse aura épuisé ses forces !

Qu'on ne prétende point que c'est là un phénomène rare. Ce phénomène se rencontre presque partout où les populations excitées, menacent de réformer la société, de détruire le capital, et de hâter l'avènement des couches nouvelles. Ainsi, les lois révolutionnaires, après avoir causé un dommage direct aux ouvriers, après avoir excité dans leur âme de telles douleurs qu'ils en font remonter l'origine aux classes dirigeantes, reviennent encore aigrir leur malheur, par le spectacle des désordres, qu'elles ont introduits au milieu des possesseurs du capital !

Longtemps, les populations ouvrières, surexcitées par ces désordres, cherchèrent le remède dans l'explosion violente de leurs sentiments de haine. On a présent à l'esprit les deux luttes terribles, qu'à quinze ans de date, en 1833 et en 1848, les ouvriers engagèrent à Lyon et à Paris pour détruire la bourgeoisie, et pour établir dans le sang un état social où le capital disparaîtrait, et ferait place à une organisation sans capital et sans possesseurs de capitaux. Leurs odieuses tentatives furent vaines : elles naissaient de la violence. Mais, depuis, la haine du capital a pris dans les populations laborieuses une autre direction. C'est cette direction que le présent livre a pour but d'étudier d'une manière attentive.

L'idée, aujourd'hui bien établie dans les populations ouvrières, livrées aux excitations socialistes, est que le capital « ne voudra rien faire pour elles » et que le travail doit se suffire à lui-même.

1. On trouve à peine aujourd'hui en France une association qui cherche le recours de l'État. (Rapport Ducarre).

Nulle idée n'est inculquée plus fortement par tous les moyens, dans l'esprit des populations laborieuses.

La pratique générale de la doctrine de l'offre et de la demande, est le premier signe de cette indifférence du capital envers le travail, du patron envers l'ouvrier. Dans les milieux agités, le maître est tout entier aux soucis de sa fortune. L'ouvrier s'abandonne alors aux conseils de sa misère ; il voit chaque jour dans la vie de ses camarades et dans sa propre vie, qu'il est le jouet d'une doctrine contraire à ses besoins, et née de misérables calculs : doctrine qui fait dépendre l'avenir d'une famille de la hausse ou de la baisse des rentes, qui condamne en Europe l'ouvrier au malheur, parce que l'ouragan a ravagé l'Amérique, doctrine fatale qui détruit toute solidarité entre celui qui possède et celui qui ne possède point, et qui essaye d'élever entre l'un et l'autre une infranchissable barrière ? Comment la conviction que le « capital » ne voudra rien faire n'entrerait-elle pas, à ce spectacle, dans l'esprit du salarié ? elle entre dans tout esprit de bonne foi. C'est alors qu'on voit les ouvriers multiplier leurs tentatives, essayer mille projets et courir avec empressement à la réalisation de toute idée qui semble leur promettre de « faire quelque chose » en leur faveur?

Le mal que produit l'indifférence du patron envers l'ouvrier, ne vient pas seulement de cette source. Des hommes d'Etat, préoccupés des dangers sociaux, des philanthropes qui cherchent des malheurs à secourir ou à prévenir, s'abandonnent à leur tour, aux suites de la doctrine de l'offre et de la demande. Loin de voir dans cette funeste théorie, la source de l'avidité des maîtres et de l'irritation des ouvriers, ils affermissent le règne de cette doctrine qui peut bien être économique, mais qui n'est pas chrétienne. Loin de demander aux ressources de la liberté les secours efficaces qu'elle fournit contre ses ravages, ils la nomment une loi de justice. Loin de détruire en eux-mêmes et dans les directeurs d'ateliers, ce penchant à ne considérer dans les ouvriers, qu'une masse inerte, mobile au gré de la hausse ou de la baisse des salaires, ils le favorisent de toutes leurs forces. Les meilleurs d'entre eux croient qu'il est humain d'encourager les essais tentés par les ouvriers : on les voit alors ajouter à la dangereuse doctrine de l'offre et de la demande, la doctrine pleine d'illusions que les ouvriers pourront eux-mêmes se régénérer en empruntant le secours d'une forme d'association.

En vérité, cette dernière croyance prévaut tout à fait aujourd'hui. Entendez les patrons et les philanthropes, ils disent que le système des corporations, que les associations en participation de bénéfices, etc., sauveraient la société. Interrogez l'ouvrier : son espoir est dans les chambres syndicales, dans les associations coopératives, etc. Une forme, une pure forme d'association, voilà l'espérance d'un grand nombre d'économistes qui voudraient éteindre les haines sociales !

Après avoir indiqué dans la vie de l'ouvrier, ainsi que nous venons de le faire, que les lois révolutionnaires sont la source principale du malaise social, nous voulons encore emprunter à l'expérience la preuve que *nulle forme* d'association n'est assez féconde pour calmer nos divisions et ramener la paix sociale. La paix, il faut la chercher où toutes les générations l'ont trouvée : dans la pratique individuelle des vertus sociales.

Il n'y a pas dans notre temps d'erreur plus dangereuse que celle que nous combattons.

Les bonnes volontés sont nombreuses ; les sym-
pathies pour les classes ouvrières sont vives et
profondes, l'immensité du danger a suscité des
hommes généreux. Quel malheur si, pendant
que les dangers s'accroissent et la générosité
s'étend, on agissait comme si on n'agissait pas
et si, à la fin de tant d'efforts, le vaisseau de la
France abordait à l'île d'Utopie !

CHAPITRE III

DU PRINCIPE DES CHAMBRES SYNDICALES

La forme d'association la plus répandue dans les populations ouvrières est celle de la chambre syndicale.

Les patrons y voient le moyen de résoudre les difficultés de leur commerce ; les ouvriers, la voie qui les conduira à l'émancipation du travail. Ces deux sentiments ont provoqué un véritable engouement en faveur de ce genre d'association. La chambre syndicale serait-elle capable de détruire l'effet des lois révolutionnaires ? Renfermerait-elle la solution de la question sociale ?

Avant d'examiner, dans leur pratique, les divers essais des chambres syndicales, et de constater le succès de quelques-unes d'entre elles, l est nécessaire de connaître l'inspiration qui les a fondées et les fonde encore. Peu importerait le succès à notre point de vue, si ce succès ne consacrait pas un progrès dans la voie de la paix sociale.

Lorque les décrets des 11-17 juin 1791 eurent détruit les corporations et interdit toute association ouvrière, les patrons comme les ouvriers furent livrés sans défense, à l'oppression de l'État, à la tyrannie de la force et, malheur plus grand, à la faiblesse de l'isolement. Les intérêts des patrons et des ouvriers, matériels et moraux, sont de cette nature, qu'ils doivent pour triompher unir leurs forces.

Les patrons les premiers, sentirent les misères de l'abandon auquel les décrets révolutionnaires les avaient jetés en proie : le commerce en fut atteint jusque dans ses fondements. Aussitôt, les intéressés cherchèrent le moyen de conjurer les effets de ces funestes lois. La chambre syndicale marqua le premier pas de retour aux bienfaits des anciennes corporations !

Cependant les patrons, unis désormais sous un règlement commun, dans un intérêt commun, associés dans le but particulier de diriger au gré de leurs avantages, les élections du tribunal de commerce de Paris, n'obtinrent pas immédiatement en faveur de l'institution du syndicat, la consécration légale. Il fallut lutter. Ils luttèrent, en présentant au pouvoir les résultats qu'ils avaient obtenus de leur système d'association. Les chambres syndicales conquirent enfin, sinon une loi qui les protégeait, du moins une tolérance qui alla de la part du gouvernement, jusqu'aux encouragements et à la protection.

C'était donc l'intérêt personnel, exclusif des patrons, que les chambres syndicales avaient pour mission de défendre. La révolution avait laissé à leurs forces respectives patrons et ouvriers; elle avait détruit la solidarité naturelle qui unit l'employeur à l'employé. Le patron trouvait à la situation qui lui était faite un avantage matériel sensible; il en profita, et appliqua à la rigueur le cruel égoïsme des décrets des 11-17 juin : il recueillit ses forces, les unit à celles de ses voisins, et cela sans plus songer aux forces et aux droits de ses ouvriers. C'était là la première conséquence des lois de la Révolution. Ce qu'on a, depuis, nommé l'esprit révolutionnaire, tendait en isolant le chef de l'atelier de l'ouvrier, en lui inspirant le sentiment de l'indépendance, en lui criant de la tribune, des journaux, des réunions publiques, que la bourgeoisie avait des intérêts distincts, tendait à le séparer du prolétariat.

De leur côté, les ouvriers, livrés à l'isolement, ne restèrent pas inactifs. Préoccupés sans cesse, de l'idée de séparation que les décrets des 11-17 juin leur avaient inculquée, convaincus qu'il ne saurait plus y avoir rien de commun, entre l'homme qui paie et celui qui est payé, ils cherchèrent à leur tour, et par des efforts semblables à ceux des patrons, à faire triompher leur intérêt personnel.

Mais, si les patrons guidés par un intérêt immédiat, évident, trouvèrent d'un seul coup d'œil, la forme d'association qui convenait le mieux à leurs intérêts ; les ouvriers, que la crainte de perdre la fortune ne pouvait rendre prudents, cherchèrent dans mille combinaisons la réalisation de leurs rêves. Par quelles cruelles expériences ne traversèrent-ils pas ? La société secrète, le saint-simonisme, les phalanstères, les associations communistes, enfin les ateliers nationaux — couronnement de ces folles expériences — ils essayèrent tout. Comment auraient-ils été dégoûtés d'une épreuve nouvelle et frappés d'un échec auraient-ils réfléchi à ses causes? Les ouvriers ont leur trésor dans leurs bras, la défaite n'augmente pas leur pauvreté.

Enfin, en 1863, toujours entraînés par la pensée que les intérêts ouvriers sont absolument distincts de ceux des patrons, quelques-uns d'entre eux crurent avoir découvert le secret de leur défense. Ils employèrent, pour leur protection, le moyen qu'employaient les patrons pour la leur. Les chambres syndicales d'ouvriers se fondèrent. Depuis, ainsi que nous le verrons tout à l'heure, leur nombre s'est considérablement accru : elles sont devenues une incontestable puissance.

Le principe des chambres syndicales est maintenant évident.

Les patrons, fidèles à l'esprit révolutionnaire des décrets des 11-17 juin, qui détruisaient l'alliance naturelle du capital et du travail, alliance fortifiée par une expérience de dix siècles, s'organisèrent dans le but exclusif de faire triompher les intérêts du capital. Comment auraient-ils tenté d'associer à leurs efforts les intérêts des ouvriers : la loi interdisait rigoureusement un tel mouvement de justice et de générosité? Les ouvriers, fidèles aussi à l'égoïsme et à la haine que soufflaient à leur esprit les hommes qui, avaient détruit la vieille union de l'employeur et de l'employé, s'organisèrent pour soutenir exclusivement les intérêts du travail. Ils n'auraient pu, s'ils y avaient songé, s'unir aux patrons ; les lois leur défendaient ce mouvement de rapprochement et d'union ?

Cet esprit d'antagonisme qui présida à la fondation des chambres syndicales, persisterait-il, encore ? Exerce-t-il encore une influence, dans le fonctionnement des chambres syndicales existantes ? A notre avis, il est impossible de ne pas voir qu'un égal esprit d'antagonisme et de division, règle, dans les chambres syndicales, les relations du capital et du travail.

Le caractère spécial des chambres syndicales de patrons, a été plusieurs fois défini dans ces derniers temps, avec une éclatante netteté.

L'organe des syndicats appartenant à l'*Union nationale*, donnait, le 6 novembre 1875, dans les termes qui suivent, une chaleureuse approbation à des essais de chambres syndicales tentés en Belgique, par les commerçants de Bruxelles.

« L'*Union nationale* ne peut que se féliciter,

disait ce journal, de la fondation de l'*Union syndicale* belge, qui vient affirmer, une fois de plus, en l'appliquant chez nos voisins, *le principe* sur lequel elle repose et qu'elle pratique depuis près de douze années. Elle peut aussi, à juste titre, être quelque peu fière d'avoir eu, par ses études, ses travaux et les fruits qu'elle en a su tirer, la bonne fortune d'inspirer si heureusement les intelligents promoteurs de la nouvelle institution, ainsi qu'eux-mêmes l'ont si loyalement reconnu. »

Or, quel est ce principe, sur lequel reposent les chambres syndicales de France appartenant au groupe de l'*Union nationale?* Le promoteur des chambres syndicales belges nous le fait connaître dans sa clarté.

« Le groupement professionnel est une institution qui se vouera *exclusivement* aux intérêts du commerce et de l'industrie, et *ne sortira pas* de ses limites naturelles. Toute chose doit avoir sa place. Autant nous sommes partisans des associations politiques permanentes, autant nous sommes convaincus que l'immixtion de la politique dans les associations dont nous provoquons la création serait funeste.

« Enfin, le groupement professionnel assure la représentation des intérêts les plus modestes comme les plus considérables. Nous serons heureux de voir réunis à côté les uns des autres les représentants des professions qui exigent une grande somme de capitaux et les représentants des professions où le travail personnel tient la plus large place.

« Ces représentants doivent être, en réalité, plus que des mandataires ordinaires. Ils ont la charge non-seulement de veiller aux intérêts de leurs groupes professionnels, mais ils seront aussi une sorte de tribunal qui offrira tout au moins les avantages d'un préliminaire de conciliation.

« L'institution des Chambres syndicales mettra tous ceux qui en feront partie en mesure de débattre entre eux la question dont la solution doit avoir une influence directe ou indirecte sur les intérêts dont ils sont chargés, et de défendre ces intérêts auprès des autorités compétentes.

« Les chambres syndicales réunies constituent à leur tour par leurs délégués le Comité central, dont la mission plus étendue consiste à s'occuper plus spécialement de l'étude et de la défense des intérêts généraux. Il servira d'organe aux vœux du commerce et de l'industrie, et il s'efforcera de les faire prendre en considération par ceux auxquels il appartient d'y faire droit.

« Cette association à deux degrés des idées et des forces laisse aux groupes professionnels une indépendance absolue dans leur régime intérieur et dans toutes les questions qui leur sont spéciales.

« Dans les questions générales, les groupes s'unissent étroitement par leurs délégués pour la défense de l'intérêt commun. »

Le principe développé avec franchise dans les lignes précédentes, sépare sans ambiguité, — on le voit, dans les Chambres syndicales, l'intérêt de l'ouvrier de l'intérêt du maître : le patron n'apportera pas dans les réunions générales, le souci de la condition de ses employés.

Le groupe de l'union des Chambres syndicales à Paris compte 75 chambres et trois mille adhérents. A côté d'elles, tous les syndicats de patrons nourrissent les mêmes préoccupations. D'après leurs statuts, tous doivent s'occuper exclusivement de l'intérêt professionnel !

Cependant, le principe qui règle aujourd'hui la conduite des patrons des syndicats dans leurs relations avec les ouvriers, a été mis au jour dans un autre langage, où les mots laissent voir toute la dureté de l'égoïsme. Les déclarations qui suivent, développent plus nettement l'idée prépondérante à laquelle cèdent les patrons.

L'un des présidents de la Chambre des cuirs de Paris, M. Allain, définissait le rôle des patrons dans les questions de salaires :

« Les syndicats d'ouvriers ont pour véritable but, disait-il, pour seule raison d'être, la question des salaires. Ils sont établis pour servir de contre-poids à ceux des patrons ; or, *les syndicats de patrons ne sont créés que pour soutenir les intérêts généraux de l'industrie sur le marché français, et nullement pour se mettre en hostilité avec les ouvriers. Ils ne s'occupent pas de la question des salaires.* »

Mais, peut-être les circonstances forceront-elles les patrons à s'occuper de cette redoutable question ? Un autre membre des Chambres syndicales nous fait connaître les pensées qui préoccupent les patrons dans ce cas :

« *Le prix de la main-d'œuvre,* disait M. Lacour, *influant notablement sur le prix de revient, et par conséquent sur l'une des conditions capitales du succès de toute entreprise, les patrons peuvent-ils se désintéresser de la question des salaires? L'élévation des salaires atteint leur intérêt tellement dans le vif, qu'on ne peut supposer une chambre patronale ne discutant pas, plus ou moins ouvertement, cette question quand elle se produit.* »

Il y a quelques années, les ouvriers tailleurs de pierre, ignorant peut-être que les Chambres syndicales affectaient une indifférence dogmatique à l'égard des questions de salaires, ou pensant que le syndicat ne pouvait rester insensible à une question d'humanité, supplièrent la Chambre des entrepreneurs d'intervenir auprès de leurs patrons, pour terminer une grève déjà longue et cruelle.

« La chambre syndicale, répondirent les entrepreneurs, pense qu'elle ne doit pas s'immiscer dans la question des salaires, parce que, suivant elle, *c'est la libre concurrence qui doit être le seul régulateur et l'arbitre suprême.* »

La doctrine des chambres syndicales de patrons, relative aux relations du maître avec l'employé, est expliquée par cette réponse, jusque dans ses détails. Les syndicats groupent leurs forces, provoquent des adhésions, suscitent des défenseurs, afin seulement d'amener le triomphe de leurs intérêts. S'agit-il des intérêts de l'ouvrier, les rangs des syndicats se débandent et leur puissance s'évanouit. Les patrons disent aux ouvriers, dans une sentence barbare, qu'ils ne se préoccupent de leurs besoins et de leurs nécessités, qu'autant que la libre concurrence les porte à réclamer le secours de leurs mains.

Les chambres syndicales ouvrières ne sont pas restées immobiles devant les prétentions égoïstes des patrons. Le premier résultat de l'attitude prise par les syndicats des maîtres, fut de persuader aux populations laborieuses que les patrons ne *voulaient* pas s'occuper de questions sociales. Les ouvriers répondirent à l'indifférence par la haine. L'existence d'un certain nombre de syndicats d'ouvriers est à elle seule, une expression des sentiments de défiance et d'hostilité, que la conduite des patrons enflamme dans le cœur de la classe ouvrière. Il nous faudrait citer ici, la plupart des discours prononcés aux réunions des chambres syndicales, si nous voulions faire connaître, dans sa terrible réalité, le principe sur lequel les syndicats se fondent, et l'idée d'après laquelle ils guident leur conduite!

« Souvenons-nous, disait, au mois de novembre dernier les ouvriers en cuivre, que nous ne devons compter que sur nous-mêmes. Il faut que tous les compagnons unissent leur force dans une chambre syndicale de la corporation. »

L'expression de cette idée, tous les syndicats d'ouvrier l'ont répétée.

Les instituteurs de Paris avaient envoyé en 1873 des délégués à l'exposition générale de Vienne. Dans l'organisation des syndicats, les instituteurs doivent, suivant les ouvriers, occuper la première place et sont chargés de répandre les principes de l'institution syndicale. Or ces délégués, les premiers par leur mission, ont publié au retour de l'exposition de Vienne, les rapports où le principe du syndicat ouvrier est clairement défini : « Esclave, le travailleur était la propriété absolue du maître; serf, il appartenait à la glèbe; affranchi et salarié, il est libre de sa personne, mais non de sa volonté;

il tient au maître qui l'a libéré et *au salaire qui dépend du besoin et du caprice de celui qui le paie.* »

« *Dans l'un et dans l'autre cas, les intérêts sont diamétralement opposés :* le rôle de la société nouvelle est de les réunir en les rendant convergents par l'association intégrale *du travail, de l'intelligence et du capital.* Cette association par le juste équilibre des obligations et l'équitable répartition, amènera l'apaisement général et l'établissement de la justice[1]. »

L'union du capital et du travail est dissoute dans la société contemporaine. Les ouvriers le sentent, ils en souffrent, et ils demandent la réunion *du travail, de l'intelligence et du capital!*

Les ouvriers portefeuillistes sont frappés du rôle égoïste qu'acceptent trop souvent les maîtres. Les lignes suivantes passeraient au besoin pour l'exposé des prétentions des chambres syndicales d'ouvriers :

« Que voyons-nous de nos jours ? Une organisation économique et industrielle ? Non! C'est plutôt l'inorganisation qu'il faut dire, basée sur

____

1. Rapport des instituteurs de Paris, page 131.

la trop fameuse doctrine des économistes (laissez faire, laissez passer, chacun pour soi), ayant pour résultat une guerre acharnée, entre les classes qu'elles créent, qui se résument dans ce fait indéniable : l'antagonisme du capital et du travail, l'anarchie industrielle, la compétition des intérêts, ayant pour conséquence des concurrences toujours faites au détriment des salaires, par conséquent au détriment de nos intérêts. »

Il n'est aucune occasion dont ne profitent les ouvriers pour renouveler leur plainte ! Le but principal poursuivi dans les chambres syndicales est l'institution d'ateliers coopératifs : la plupart des syndicats, on peut le dire, ne se fondent, qu'animés par l'espoir d'arriver à l'établissement d'une association de production. Or quels sentiments excitent les ouvriers dans les efforts qu'ils tentent pour atteindre à ce but ? Ce n'est point le désir d'acquérir la possession du capital au moyen de l'association des forces, des économies et du dévouement. « Tant que la répartition des richesses sociales sera faite par des intermédiaires, prélevant à leur profit exclusif, un excédant que la loi commerciale reconnaît lui appartenir, le salaire quel qu'il soit sera insuffisant pour couvrir les dépenses nécessaires, et le prolétariat sera seul à supporter le double fardeau de l'exploitation, qui comme une lèpre s'étend et ronge sans cesse producteur et consommateur, en s'appropriant chaque année un capital de 6 millions au moins dont la plus grande partie devrait constituer le bien-être des travailleurs[1]. »

Les ouvriers en voitures de Paris ont résumé dans quelques lignes de leurs rapports, l'origine et les fins des chambres syndicales d'ouvriers.

« Un syndicat composé de plusieurs syndics est donc chargé de défendre des intérêts généraux relatifs à une industrie, à une corporation ou une association ouvrière. Il existe aujourd'hui à Paris soixante-douze chambres syndicales patronales, ayant pour mission de défendre les intérêts respectifs de leur corporation au point de vue des industriels et de la fabrication, c'est-à-dire établissant une base pour la vente afin que la concurrence n'enlève pas tout le bénéfice; recherchant le moyen de parer à la concurrence

---

1. Rapport des menuisiers en meubles sculptés, de Paris, page 92.

étrangère, si elle venait à se produire. Au-dessus des syndicats industriels, il y a l'union syndicale qui les relie tous ensemble ; ajoutons à cela qu'ils possèdent le capital et *nous nous demandons, si en face d'une puissance si bien organisée, les ouvriers peuvent rester indifférents, et s'ils ne doivent pas avoir recours à une organisation semblable*, s'ils ne veulent à l'avenir être entièrement écrasés par cette féodalité nouvelle qui tend de plus en plus à accaparer le monopole industriel.

« Il est temps de trouver un remède à cette plaie profonde qu'on appelle avec juste raison : l'industrialisme, source directe du paupérisme.

« *Les chambres syndicales ouvrières auront donc pour mission de défendre les intérêts des ouvriers et d'étudier les questions d'économie sociale, pour les mettre en rapport avec la situation présente et les besoins qui sont la conséquence d'un nouvel état de choses*[1]. »

Le caractère militant des chambres syndicales apparait dans sa nudité. Parmi les syndicats, les uns, ceux des patrons, ne recher-

---

1. Ouvriers en voitures, de Paris, page 67.

chant par leurs efforts, que l'accroissement de leurs intérêts personnels, manqueraient à leurs statuts, s'ils s'intéressaient au salaire de l'ouvrier, à son avenir, à son bien-être. Une telle préoccupation ne leur est permise que dans le cas où les salaires, l'avenir et le bien-être des employés, doit exercer une influence sur le bien-être, l'avenir et le revenu des patrons !

Les chambres syndicales d'ouvriers poursuivent de leur côté, un but identique dans les termes, à celui des patrons, contraire dans la réalité. Comme les assemblées des maîtres, celles des ouvriers, défendent leurs intérêts personnels. Mais qu'est cet intérêt, sinon l'accroissement des salaires, la diminution du travail, c'est-à-dire les objets mêmes que les chambres syndicales des patrons regardent comme inutile d'étudier.

La pratique des chambres syndicales découlerait-elle de leur principe ?

S'il en était ainsi, il serait trop facile de répondre dès à présent, que les chambres syndicales sont des instruments de guerre, propres à multiplier les agitations, à semer le trouble, et que les hommes qui ont placé en elles, leur espérance de paix sociale s'abusent grossièrement.

Ne précipitons pas notre jugement. Nous venons de lire le frontispice de l'édifice des chambres syndicales; entrons dans la salle des délibérations, écoutons les propositions qui s'y discutent, les projets qui s'y forment et les actes qui s'y préparent. Nous pèserons alors, dans sa réalité, la valeur sociale de l'institution des chambres syndicales.

CHAPITRE IV

L'institution des chambres syndicales de patrons existe dans la plupart des grandes villes de France.

Paris compte un grand nombre de syndicats ; puis Bordeaux, Lyon, Marseille où l'on rencontre l'admirable corporation de patrons pêcheurs, dont l'organisation a été, dès le début, si fortement assise que les révolutions de 1789, 1848, et 1870, ne l'ont pas ébranlée ; puis viennent Évreux, Mantes, Saint-Étienne, Caen, Châlon-sur-Saône, Troyes, Orléans, le Mans, Vienne, Mâcon, Roanne, Étampes, la Ferté-sous-Jouarre, Clermont-Ferrand, Saint-Germain en Laye, Arras, Meaux, Rambouillet, Nice, Dijon, Boissy-Saint-Léger, Lisy-sur-Ourcq, Trouville, Deauville, etc., etc. Chacune de ces villes compte un et quelquefois deux syndicats de patrons.

Les chambres syndicales de province jouissent chacune d'une pleine indépendance : elles sont autonomes, veillant sans contrôle à la pratique de leurs statuts, les réformant à leur gré, et portant à leur gré leur action partout où elles le jugent opportun. Il n'en est pas de même pour toutes les chambres syndicales de patrons établies à Paris.

Les chambres syndicales de Paris appartiennent à deux groupes d'une organisation distincte.

Le premier groupe réunit les chambres qui suivent des règlements communs : il se subdivise en deux classes.

L'une, dite du bâtiment ou de la *Sainte-Chapelle*, a son siége dans la cité, et compte dans son agglomération onze chambres d'entrepreneurs.

La seconde, dite de l'*Union nationale*, a son siége boulevard Sébastopol et comprend soixante-quinze chambres d'industriels ou commerçants.

L'organisation de l'*Union nationale* manifeste la différence qui la sépare des chambres du second groupe.

Les chambres qui appartiennent à l'*Union nationale* constituent, à l'aide de leur président respectif, un bureau central ayant pour titre *Syndicat général*. De ce bureau, dépend l'action des chambres isolées; c'est au syndicat général que revient la charge de la direction générale de l'Union, la décision sur la formation de nouvelles chambres, et l'observation des statuts et des règlements. Mais à son tour, le syndicat général obéit à un directeur suprême.

Le second groupe de chambres syndicales a une allure plus libre. Chacun des syndicats qui le constitue, conserve son autonomie, et possède un budget. Au-dessus d'eux, les présidents de ces syndicats ont élevé un *Comité central*. Ce comité a seulement pour but d'établir un lien moral entre les diverses chambres, lorsqu'une question d'un intérêt commun demande un concours général !

Cependant, si l'organisation extérieure des chambres syndicales de Paris et de la province n'est pas toujours semblable, les statuts sont les mêmes. C'est dans la pratique de ces statuts que nous allons voir le caractère propre que les chambres syndicales de patron revêtent, au point de vue social. Ce sont les observations que nous allons faire, qui détermineront nos espérances ou éveilleront nos craintes.

Le but spécial des chambres syndicales est défini par l'organisation même des services qu'elles ont institués :

S'occuper des intérêts du commerce et ne s'occuper que d'eux, ne prendre aucune part aux questions ouvrières, s'interdire d'intervenir dans les contestations soulevées entre les patrons et les ouvriers, voilà le caractère propre des chambres syndicales !

Mais les patrons pouvaient-ils demeurer obstinément dans cette voie rigoureuse ! pouvaient-ils rester étrangers aux questions qui tourmentent l'esprit des hommes d'État, des chefs d'industrie, et des commerçants ? La question sociale ne devait-elle point s'infiltrer, malgré leurs efforts, dans les délibérations communes ?

A notre avis, l'abstention était impossible. L'alliance du capital et du travail est trop intime, pour qu'en s'occupant de l'avenir de l'un, on se désintéresse du sort de l'autre. Si les chambres syndicales n'étaient point amenées par un sentiment philanthropique à délibérer sur les questions de salaires, d'apprentis, de durée de travail, elles devaient être contraintes de s'en occuper, par l'état de leurs intérêts personnels.

Les sentiments philanthropiques, hélas! ont exercé une faible influence sur les projets des chambres syndicales : la plupart des résolutions sont venues des conseils qu'impose au patron, le souci de son industrie et de son commerce. Tandis, en effet, qu'on pourrait citer en peu de lignes le nom des institutions purement charitables, dues à l'initiative des chambres syndicales; tandis qu'il est difficile de trouver une institution analogue à celle qu'a fondée la chambre des *fleurs et des plumes* sous le titre : « *Assistance paternelle aux enfants employés dans les fabriques de fleurs et de plumes ;* » tandis encore qu'en parcourant le procès-verbal des séances, on rencontre à peine quelques discussions vagues, générales sur les questions spécialement ouvrières, on se heurte au contraire, à chaque page du registre des délibérations, à des projets d'améliorations, inspirés par l'état du commerce et de l'industrie!

On a adressé aux chambres syndicales le reproche de s'occuper des intérêts ouvriers. Un pareil reproche n'est pas mérité. A certains moments, où les haines sociales étaient plus ardentes, le besoin de les calmer a peut-être échauffé quelques membres des syndicats, et ébranlé un instant leur volonté de ne s'occuper des intérêts ouvriers qu'autant que ces intérêts menaceraient ou favoriseraient les leurs. Ce mouvement, contraire aux statuts, n'a pas eu d'importance et n'a pas duré. Le cœur des membres des chambres syndicales est demeuré inflexible. La maxime qui élève, au-dessus de tous les intérêts, la souveraineté de l'offre et de la demande, a conservé son prestige.

L'un des présidents du syndicat général, M. Pariot Laurent, a le mieux justifié les chambres syndicales du reproche auquel nous faisons allusion. Il a exprimé par les paroles suivantes, prononcées le 9 mai 1874, les sentiments qui gouvernent les chambres syndicales, dans leurs œuvres d'une apparence philanthropique.

Il s'agissait de la grave question des apprentis. L'orateur pouvait certes provoquer la décision de ses collègues, en leur montrant le grave dommage causé aux parents des apprentis et aux apprentis eux-mêmes, lorsque au mépris des conventions tacites ou expresses, les jeunes gens consacrent le temps de leur apprentissage à un emploi stérile; il pouvait émouvoir son auditoire, en faisant entrevoir, au delà de la désorganisation de la vie de l'apprenti, les désordres sociaux qui en deviennent la fatale conséquence. Le président du syndicat général entendait sans nul doute, au fond de sa conscience, les voix qui lui apportaient les sentiments que nous exprimons. Les statuts arrêtèrent les mouvements de son cœur; il parla comme ont parlé la plupart des syndicats qui ont demandé la fondation d'institutions favorables aux ouvriers; il parla en calculateur.

« La question de former des apprentis, dit-il, est une *question de vie ou de mort pour l'industrie parisienne*..... L'industrie tend à sortir de la grande ville, où les choses nécessaires à la vie augmentent chaque jour de valeur. Le temps presse, si nous ne formons pas des ouvriers, nous perdrons notre rang dans le monde industriel... Avec la liberté illimitée dont jouit le travail, l'ouvrier ne se rattache à rien ; il change ou peut changer chaque jour d'industrie ; comment avoir avec ce système de bons ouvriers ? En formant des écoles professionnelles, nous apportons un remède à ce mal. Nous aurons des ouvriers honnêtes, capables : ce sera, sans contredit le moyen le plus heureux, le plus efficace d'établir d'utiles relations entre les patrons et les ouvriers, de résoudre le problème difficile dont nous cherchons la solution. »

Tel est, dans sa franchise, le sentiment qui porte la majorité des [chambres syndicales à préparer l'avenir de l'ouvrier. Certes, il serait inexact de prétendre que nul, parmi les membres des chambres syndicales, n'eût sollicité la fondation d'œuvres philanthropiques, si elles n'avaient dû servir la prospérité matérielle des patrons. Cependant, on ne le contestera pas, cette pensée n'est point la base des fondations que nous signalions.

Un fait prouve, encore, péremptoirement le caractère à peu près exclusivement intéressé des sociétés fondées en faveur des apprentis. Un grand nombre de chambres syndicales ont tourné leurs efforts vers ces institutions, leur consacrant leur dévouement et leurs ressources. Au milieu de tous les syndicats, la chambre de la maroquinerie est la seule, à notre connaissance, qui ait mêlé à ses préoccupations d'intérêt une prévision en apparence généreuse. Nous signalons ce mouvement de générosité : le syndicat a adopté les bases d'un projet, consistant à établir, dans chaque quartier de Paris, une maison où, pour une somme modique, payée par les patrons ou par les parents, les apprentis seraient logés, nourris et entretenus, et le soir trouveraient des cours pour achever leur instruction.

Hâtons-nous de le dire, cependant : il était impossible qu'arrivées à créer des institutions en faveur des ouvriers dans l'intérêt du patron, les chambres syndicales ne fussent pas amenées à fonder des établissements, propres à donner aux populations laborieuses quelques-unes des satisfactions qu'elles réclament. Quelle que pût être la contrainte du règlement, quelque ferme que fût la volonté d'y demeurer fidèle, il était impossible que les désordres sociaux, qui encombrent pour ainsi dire la marche des patrons, n'amollissent pas leur résolution et ne les entraînassent pas à des sentiments de conciliation et à des projets purement sociaux. C'est en effet de la grandeur de ces dangers, c'est du désir d'éteirdre les haines sociales, que sont nées, à côté des chambres syndicales, quelques institutions purement charitables, auxquelles les patrons se sont empressés d'apporter leur concours, leur appui, leur dévouement, leur sacrifice ; c'est, enfin, à ces conseils qu'il est juste de faire remonter la part désintéressée, qui est entrée, malgré les statuts, dans plusieurs résolutions adoptées respectivement par les membres de quelques syndicats.

Parmi les résolutions nées du contact des membres des chambres syndicales, et de la pensée de prévenir les désordres sociaux, il en est une qui mérite une attention particulière : elle se nomme le projet des syndicats mixtes.

Les syndicats mixtes ont deux faces : la première regarde les intérêts matériels, la seconde les avantages moraux. Dans l'ordre des intérêts matériels, les syndicats mixtes pourvoient à la sécurité des intérêts matériels, en soumettant à un tribunal d'arbitre, composé d'autant d'ouvriers que de patrons, les litiges soulevés entre les patrons et les ouvriers ; le jugement reçoit de la composition du tribunal un caractère d'autorité plus élevé ; chaque tribunal, appréciant exclusivement les affaires de la corporation, la compétence du juge devient incontestée ; enfin le condamné est jugé par ses pairs, par des hommes préoccupés de la défense d'intérêts communs.

La seconde espérance que les promoteurs fondent sur les syndicats mixtes, intéresse les relations morales des patrons et des ouvriers.

Nous n'avons pas à relever ici le caractère un peu étrange de ce projet, qui entend pacifier les belligérants au lieu de prévenir les hostilités. Nous devons seulement montrer quelle source de paix sociale pourraient être les syndicats mixtes !

Assurément, nul ne contestera que dans les divisions actuelles de la société ouvrière, ce ne soit une institution utile qu'un tribunal chargé de calmer les passions soulevées ; personne ne contestera non plus, qu'après les relations de la paix, celles qui préviennent les désastres de la lutte ne soient les plus désirables.

Les syndicats mixtes préparent ces bienfaits.

C'est par ce caractère d'apaisement qu'ils méritent l'attention, c'est par lui qu'ils se rap-prochent de l'idée dont le triomphe est indispensable à toute société qui travaille. Les syndicats mixtes tracent ainsi une pente qui ramènera le patron et l'ouvrier à l'union, sans laquelle ni le capital, ni le travail, ne retrouveront jamais la fécondité.

Les faits justifient bien ces espérances. Les services que les syndicats mixtes ont rendus, partout où leur fonctionnement a rapproché, comme au temps des corporations, l'ouvrier du patron sur les bancs de juge du corps de métier, sont considérables. Un patron avait raison de dire à ses collègues dans la chambre des industries diverses [1] : « Que les commissions mixtes ont rendu les plus grands services en Angleterre et à Nottingham en particulier, où elles sont arrivées à concilier tous les différends qui existaient entre les patrons et les ouvriers et qui se traduisaient par des grèves et des luttes continuelles. » Ce sont là des résultats incontestables qui recommandent suffisamment une œuvre.

A ces divers titres, qui n'associerait ses vœux et ses efforts aux vœux et aux efforts

[1] *Union nationale*, organe des chambres syndicales (numéro du 6 novembre).

qui, dans l'état de lutte où nous vivons, rapprochent ainsi les patrons des ouvriers?

Et, parmi les coopérateurs les plus empressés à cette œuvre d'apaisement, qui ne placerait, au premier rang, les syndicats de patrons? Pour ceux-ci, en effet, il s'agit plus que d'obtenir, par l'influence des chambres mixtes, la paix sociale à laquelle nous aspirons tous, il s'agit plus que de changer les insolents appétits de l'ouvrier excité ou débauché, en ardent amour du travail, il s'agit encore pour eux d'assurer, avec leur intérêt particulier, le régime de leur atelier personnel, la paix de leur maison, et le succès de leurs entreprises.

Or, qui le croira, toutes ces raisons ont à peine exercé une influence sur quelques-uns des membres des syndicats de patrons. Le règlement a eu assez de force pour inspirer, aux chambres syndicales, la résolution de résister à l'affermissement et à l'extension de ces syndicats d'apaisement!

La forme d'association syndicale la plus capable d'adoucir le ressentiment des ouvriers et des patrons, la plus puissante pour préparer la solution de ce qu'on nomme la question sociale, les chambres syndicales de patrons la dédaignent!

Après avoir constaté les faits qui précèdent, ceux-là espèrent en vain, qui attendent des chambres syndicales la paix sociale. Le secrétaire de la commission de l'Assemblée nationale chargée d'étudier les conditions du travail en France, établissait lui-même le caractère exclusivement commercial et industriel des chambres syndicales : « Quant à la tendance reprochée, dit-il, aux chambres syndicales, d'élargir le champ de leur discussion, d'aborder les questions sociales, cette tendance est certaine. Il suffit de parcourir le numéro — du journal publié par *l'Union syndicale* pour s'en assurer. Mais nous savons aussi qu'une majorité des chambres isolées ou groupées sont contraires à ce mouvement, qui introduirait peu à peu, inévitablement, malgré la défense faite par les statuts, l'élément politique dans les discussions industrielles. Nous avons la certitude qu'un grand nombre de patrons sont décidés à donner leur démission, si leur opposition dans ce sens n'est pas prise en considération [1]. »

---

1. Rapport de M. Louis Favre à la commission chargée d'examiner les conditions du travail en France, page 307.

Les chambres syndicales demeureront donc résolûment dans l'œuvre qu'elles ont entreprise : elles soutiendront, sans faiblir, la défense « exclusive » des intérêts du commerce et de l'industrie. N'attendons pas d'elles un mouvement direct, actif, persistant, en faveur de la paix sociale.

CHAPITRE V

ASSOCIATIONS SYNDICALES D'OUVRIERS

Autant les patrons mettent de soin et de rigueur à ne pas s'occuper de questions sociales, autant les ouvriers s'empressent de traiter ces questions à tout propos. Leurs réunions politiques retentissent de systèmes d'émancipation de travail ; les colonnes de leurs journaux sont remplies de dissertations sociales ; les séances des chambres syndicales se passent quelquefois à préparer l'affranchissement du travail, et, le plus souvent, on ne sait quelle délivrance du prolétariat.

Les chambres syndicales sont devenues en vérité un objet d'invincible engouement dans la classe ouvrière ; suivant leurs partisans, elles posséderaient deux avantages d'une inappréciable valeur.

Les ouvriers y atteindraient un but qui, après

les avoir fait jouir de précieuses satisfactions, leur servirait de moyens pour réaliser l'espérance dernière qui les soutient : l'émancipation du travail.

Quelle est donc la constitution du syndicat ? La chambre syndicale d'ouvriers fonde une union de forces et de sacrifices. Les membres réunissent leurs intérêts communs. Si les patrons tentent de les violer, les ouvriers se dressent en muraille vivante, adoptant aussitôt, contre les efforts de leurs adversaires, le système de défense qui leur paraît le plus efficace. De même, si les associés jugent que le temps est venu où les salaires ne sont plus suffisants, et n'atteignent plus la proportion du prix des denrées ; si encore leur esprit s'attache à désirer plus de liberté dans le travail, ou plus de temps libre dans la journée, la chambre syndicale leur offre, dans son organisation, un puissant instrument d'attaque contre les hommes qui s'opposeraient à leurs desseins !

De plus, la chambre refait, pour les ouvriers, les tribunaux de l'ancienne corporation ; elle établit au-dessus d'eux des juges choisis dans leurs rangs, vivant de la même existence, dé-

fendant les mêmes intérêts, et leur confie la
charge de pacifier les différends, de calmer les
divisions, d'amener le triomphe de ce qu'à leurs
yeux, les conseils de prud'hommes sont impuissant à produire : la vérité corporative. Arriver à
posséder dans le sein de leurs syndicats respectifs un tribunal, auquel la loi accorderait la juridiction dont jouissent les prud'hommes, est le
plus ardent souhait des ouvriers. En attendant
la réalisation de ce vœu, l'institution spontanée
que les chambres syndicales ont créée leur apporte la solution de leurs différends, dans des
conditions de compétence et de gratuité, bien
propres à les rendre fiers de leurs syndicats, et
à leur inspirer la volonté d'en agrandir le rôle
social.

Les satisfactions que nous venons d'énumérer,
ne sont pas encore les seules que les ouvriers
attendent des chambres syndicales. A la vérité,
ils recueillirent seulement ces bienfaits, tant que
l'association servit de cadre à l'armée du travail
contre le capital. Mais, depuis 1871, depuis de
pénibles et instructives leçons, le désir de vaincre
le capital par l'habileté et la violence de la lutte,
a fait place à la volonté de faire servir à l'éman-

cipation du travail, la discipline acquise dans le fonctionnement des syndicats.

Les adhérents des membres syndicales d'ouvriers attendent en effet et espèrent avant tout, à l'heure présente, des économies qu'ils produisent, de l'union qu'ils forment, des forces qu'ils réunissent, la fondation d'associations coopératives. Association de consommation ou association de production, c'est là, depuis le désastre de la guerre, le dernier rêve des chambres syndicales !

Certes, les deux fins auxquelles les ouvriers prétendent arriver par les chambres syndicales, ne méritent ni la désapprobation, ni le dédain. Si même on considère que l'expérience a comme conduit par la main la classe ouvrière à ces deux genres de résultats, loin de condamner les efforts de l'ouvrier, l'homme impartial s'incline devant eux. D'ailleurs, quels heureux effets les espérances proposées par les syndicats à leurs adhérents n'ont-elles pas développé ? Au début, l'ouvrier, excité à fonder les chambres syndicales afin de lutter, avec plus d'efficacité, contre les forces, que, depuis quarante ans, les socialistes de tous systèmes lui avaient montrées comme les forces ennemies, ne rêvait guère que grève et coalition. Mais — mouvement remarquable — à peine entré dans l'association, les idées de lutte engendrèrent l'idée de discipline, puis naquit le respect d'un ordre hiérarchique; puis l'expérience que l'ouvrier poursuivait avec patience lui fit voir l'erreur qu'il commettait en consumant ses forces dans la lutte; puis germa, dans son cœur, la pensée de consacrer son activité à des efforts plus rationnels. Alors le désir du succès le guida : voulant réussir, il s'efforça d'acquérir les qualités personnelles qui avaient fait réussir les possesseurs du capital : il devint économe, et il étudia le meilleur moyen de féconder ses économies. Il arriva enfin, tantôt instruit par des succès, tantôt éclairé par des échecs, à la conviction à laquelle il est parvenu aujourd'hui, que les associations où l'ouvrier a le plus de chance de faire valoir l'activité de son intelligence et l'habileté de sa main sont les seules associations qui puissent lui donner l'objet de ses rêves : l'émancipation du capital. Mais, arrivés là, les ouvriers ne sont-ils pas arrivés à aimer le capital, à le produire par leurs efforts, à tirer de lui les profits que tous les possesseurs en retirent? C'est là un résultat dû à l'association des chambres syndicales, qui mérite un hommage. N'y en eût-il pas d'autre, il forcerait l'esprit le plus prévenu à ne pas jeter violemment la pierre contre elles.

Voudrait-on, pour affaiblir le tableau que nous venons d'esquisser, relever les défauts des chambres syndicales? Elles en ont beaucoup. Le principe auquel elles doivent leur existence est faux, et pourrait être dangereux. Les doctrines auxquelles elles empruntent leur programme sont pénétrées d'erreurs sociales et religieuses. Le plus souvent, dans les réunions où se discutent les intérêts matériels, les intérêts moraux les plus sacrés sont offensés, méconnus, trahis. Plusieurs fois leurs débats roulent sur des sujets chimériques, et enflamment les esprits par des utopies. Enfin, l'un des effets les plus regrettables des chambres syndicales est de tourner l'ardeur des ouvriers vers des espérances irréalisables, que, pour le malheur du pays, les classes ouvrières essayeraient de réaliser, si le pouvoir politique tombait entre leurs mains, avant l'expérience définitive qui les instruira. Hélas! ces traits sont exacts! Nous n'en diminuerons pas la valeur. Oui, ce sont là d'immenses défauts, propres à justifier l'hésitation qu'éprouvent les hommes d'État à ne point vouloir attribuer aux chambres syndicales une existence légale. Pourtant ces torts amoindriraient-ils les avantages qu'elles ont donnés à la classe ouvrière ? Ils en font ressortir l'éclat.

Mais ! circonstances malheureuses, tandis que les ouvriers méconnaissent l'enseignement qui ressort de ces stériles agitations, les torts mêmes qu'ont les chambres syndicales redoublent chez les esprits qui attendent d'elles la régénération de la société, le désir de surmonter ces derniers obstacles.

Est-il permis cependant, quels qu'aient été les résultats des chambres syndicales, d'espérer de leur expérience la régénération de la société ? Nous donneront-elles cet état de paix et de bien-être que poursuivent obstinément leurs adhérents ?

Hélas ! trop de preuves abondent, qui nous montrent l'inanité de cette espérance !

Si nous avions seulement à montrer l'influence que les syndicats peuvent exercer dans certains milieux, et dans un cercle étroit d'ouvriers, nous serions peut-être autorisés, sans examiner toutefois les statuts de la corporation, à placer le fondement de notre espoir sur les chambres syndicales. Les syndicats prospères n'ont existé jusqu'ici que par le bien avec lequel ils ont neutralisé le mal, qui sort naturellement de la pensée de leur institution. Ils ont développé le goût de la prudence et le désir de l'économie ; ils ont excité le besoin d'une judicieuse instruction : ils ont comme affermi le respect de la justice, en fondant des tribunaux arbitrals, composés d'hommes plus compétents que ceux devant lesquels les ouvriers vidaient jusque-là leurs différends. En même temps, les syndicats ont fait naître la volonté de posséder ; et par les privations auxquelles cette volonté à contraint les ouvriers, ils ont poussé les populations laborieuses dans l'heureuse solitude de la famille. Il y a des hommes qui doivent aux chambres syndicales d'être meilleurs ouvriers, pères de famille sobres et prévoyants. Mais que ce nombre est petit, en comparaison des milliers de travailleurs, consumés par l'envie de redresser la société et dévorés par la haine du capital ! Or, tant que cette masse n'aura pas été pacifiée, la lutte sociale ne sera pas épuisée.

Trois choses doivent être considérées dans l'épreuve des chambres syndicales, au point de vue de la réforme sociale. La première, c'est que les syndicats sont impuissants à réaliser, par eux-mêmes, sans le secours des patrons, l'ensemble du programme qu'ils ont proposé à leurs efforts; la seconde, c'est que parmi les chambres syndicales, les unes ont réussi, mais au détriment du principe de leur existence, en apportant à leurs adhérents les vertus et les avantages dont nous parlions plus haut, tandis que d'autres, fidèles à l'esprit de leur fondation, ont échoué; troisièmement enfin, il nous importe, si nous voulons mesurer l'influence qu'exerceront les syndicats sur le retour de la paix sociale, de connaître l'accueil qui leur est fait au milieu de la classe ouvrière.

On l'a pu voir déjà, par ce que nous avons dit des résultats obtenus dans quelques chambres syndicales d'ouvriers, le programme syndical est un singulier mélange d'erreurs et de vérités, de justes aspirations et de désirs mauvais ou aveugles. Mais on peut assurer que les avantages acquis par l'ouvrier au sein des chambres syndicales sont acquis malgré les principes et les professions de foi auxquelles les associations doivent leur existence. Les vertus que les syndicats donnent aux adhérents sont la négation de leurs idées fondamentales : le bien que nous avons décrit condamne les mobiles auxquels cèdent les associations. Il faut qu'il y ait une véritable fécondité dans la liberté, pour qu'en dépit des affirmations théoriques, chaque jour répétées par les syndicats, quelques associés aient adopté les doctrines qu'ils sont arrivés à pratiquer.

L'idée fondamentale des chambres syndicales n'est pas seulement que les ouvriers ont des intérêts distincts de ceux du patron, et que le sort des classes inférieures est étranger à celui des classes dirigeantes : l'idée est plus âpre encore et plus féconde en malheur. Les chambres syndicales tiennent pour une vérité acquise, proclament comme un enseignement justifié par l'expérience, que le patron est l'ennemi du prolétaire, que les classes dites dirigeantes sont hostiles aux classes dirigées. Il n'est pas de considérant inscrit en tête des statuts syndicaux, qui n'exprime implicitement cette doctrine désolante — cause des maux de notre temps ! Il n'en est pas qui ne tende à proposer, aux efforts des ouvriers, un moyen de lutte contre le patron, un moyen de ruine contre le capital. L'expression de cette conviction est si vive, que l'œil inquiet craint de lire bientôt un ordre de bataille sous le nom de statut, un signe de ralliement au lieu d'une invitation à la concorde et à la solidarité !

Mais, la logique des chambres syndicales s'arrête tout à coup. Loin de condamner le système social où le capital prête sa force aux classes dirigeantes, les statuts fondent une association, dont le dernier but sera d'élever, au rang de patron, tous les adhérents, et de leur donner, avec le capital, les fonctions qui en dépendent chez tous les peuples. La contradiction est flagrante : c'est à elle qu'il faut rapporter le mérite, que les adhérents reçoivent des chambres syndicales !

Chose plus singulière encore ! Les syndicats mettent à défendre dans leurs statuts les intérêts du capital et ceux du patronat, autant d'ardeur, autant d'impétuosité qu'ils en ont mis à les attaquer dans leur profession de foi. Les ouvriers insistent avec chaleur sur la nécessité de fonder des associations de production qui « émanciperont les ouvriers; » ils développent les devoirs de justice et d'abnégation que les possesseurs du capital doivent pratiquer; ils excitent enfin leurs espérances en faisant briller à leurs yeux, comme le couronnement de leur activité, la possession du capital et la dignité du patronat.

Ce sont ces idées fécondes qui soutiennent les adhérents des chambres syndicales, non les idées stériles de lutte., Celles-ci troublent de temps à autre l'œuvre de celles-là. Tandis que l'ouvrier associé multiplie ses efforts pour conquérir, par l'énergie de son activité et de sa sobriété, les avantages que les statuts font miroiter à ses yeux, les excitations dangereuses qui lui viennent des professions de foi syndicales, paralysent sa bonne volonté.

Quels sont donc dans leur développement les points principaux des statuts des chambres syndicales? C'est leur ensemble qui constituent le syndicat. C'est aussi dans leur exposé, on va le voir, qu'éclate l'illusion des esprits, qui espèrent la réforme sociale des syndicats d'ouvriers. S'il est possible, en effet, que les ouvriers mentent dans la pratique, aux idées de lutte qu'ils défendent dans leurs programmes, ils ne peuvent s'empêcher de montrer dans les détails de leurs statuts l'impuissance et l'inanité de leurs rêves !

Les chambres syndicales proposent généralement à leurs efforts :

1° La question d'apprentissage, du contrôle du contrat intervenu entre les parents de l'apprenti et le patron ;

2° Le respect de la loi réglant le travail des enfants ;

3° L'organisation d'un enseignement professionnel pratique ;

4° La durée du travail et l'état hygiénique des ateliers ;

5° La substitution de l'apprenti et de la femme à l'ouvrier adulte ;

6° Enfin la question des salaires.

Ce programme est la définition la plus exacte du syndicat : il en rappelle l'origine ; il montre le but de son existence ; il précise dans la forme modérée, qui est la forme des chambres syndicales, les idées de lutte contre le capital, et le vague désir de bien-être qui tourmente toute âme d'ouvrier. Le syndicat est tout entier dans ce programme : les autres associations qu'il prépare n'en sont qu'un écoulement !

Or, si un tel programme doit, comme on l'attend, apporter à notre pays et à notre société la paix sociale, la première condition qui lui est nécessaire sera certainement d'être pratique, et réalisable à ceux-là même, qui l'ont donné pour but à leurs efforts !

Eh bien ! nous le demandons, quel est celui de tous ces projets, que les ouvriers puissent réaliser par leurs propres forces et par l'effet de leur bonne volonté ? Ils ne peuvent obtenir l'un ou l'autre que par la résistance et par la guerre.

Les ouvriers peuvent-ils, en effet, résoudre par eux-mêmes la question de l'apprentissage ? Leurs efforts, sur ce point, sont absolument neutralisés par la volonté des patrons, ils ne peuvent rien, en faveur d'un apprenti que le maître emploierait à des besognes stériles !

Les ouvriers peuvent-ils, par eux-mêmes, faire respecter la loi sur le travail des enfants ? Dans certains cas, il leur sera possible de dénoncer le patron à l'autorité judiciaire, mais à quels risques n'exposeront-ils pas leur avenir ?

L'enseignement professionnel, les ouvriers

peuvent-ils eux-mêmes l'organiser ? Il faudrait pour cela d'autres ressources que celles dont ils disposent, et plus de temps que ne leur en laisse le travail. Quelquefois, il est vrai, il se rencontre des ouvriers assez forts, assez heureusement doués pour créer et soutenir des conférences, mais si le patron ne leur vient pas en aide par des subventions, l'enseignement professionnel demeurera incomplet ou insuffisant !

Les ouvriers peuvent-ils par eux-mêmes, par le seul élan de leur bonne volonté, fixer au travail une durée convenable? leur est-il possible de placer dans des conditions favorables l'état hygiénique de l'atelier ? Non encore. La grève, jusqu'ici, a été le moyen mis en œuvre par la classe ouvrière pour amener une diminution dans les heures de travail. Ils ne possèdent pas d'autres moyens de lutter contre la résistance des patrons. Or, la grève c'est la guerre. Ce genre de lutte est aujourd'hui généralement délaissé, grâce à l'entente survenue dans les syndicats, mais si les ouvriers rejettent ce mode de résistance, par quelle influence pacifique obtiendront-ils satisfaction ?

Les ouvriers peuvent-ils, par leur bonne volonté, empêcher que les patrons ne leur substituent des apprentis et des femmes? Évidemment, ce point dépend aujourd'hui, sous le règne de la liberté, de la bienveillance du patron. Le maître est libre; nul tribunal ne saurait le contraindre à employer un ouvrier habile, de préférence à un apprenti incapable.

Enfin, que peut l'ouvrier dans la question des salaires? Rien, sinon lutter contre le patron pour obtenir une augmentation. Par la guerre il peut tout, par elle seule il a obtenu jusqu'ici, de lui-même, quelques améliorations; par des efforts pacifiques il ne peut rien.

A quoi bon nous demander maintenant si les chambres syndicales réussissent ou ne réussissent pas? A quoi bon constater que le mouvement syndical, assez intense à Paris, n'attire cependant à lui qu'un petit nombre d'ouvriers de chaque métier, et qu'il s'est étendu en province sans susciter des partisans nombreux? La chose certaine, c'est que les syndicats n'obtiennent point, par eux-mêmes, le succès qu'ils attendent et pour lesquels ils se sont créés. Leur triomphe est d'exercer, de temps à autre, une influence sur les déterminations des patrons.

Ce résultat est-il assez considérable pour justifier les hommes qui ont placé, dans les chambres syndicales, leur espoir de réforme sociale, et attendent d'elles la solution de la question du travail à notre époque?

Tous les résultats heureux, que nous constatons dans le sein des syndicats, la chose est évidente, doivent être rapportés à la pratique de l'association, à l'exercice de la liberté, et à des principes d'amour de travail et de capital qui ne sont pas les fondements de la chambre syndicale! C'est à l'occasion de la chambre syndicale que ces bons effets se produisent : il faut en féliciter cette institution. Mais, en vérité, que peut-on attendre, pour la paix sociale, d'une association, dont la première inspiration est de lutter jusqu'à la mort contre les possesseurs du capital, et dont les statuts fixent aux adhérents un programme irréalisable ?

CHAPITRE VI

ASSOCIATIONS COOPÉRATIVES DE CONSOMMATION

Les associations coopératives de consommation sont déjà chose ancienne dans notre pays. En 1848, la plupart échouèrent. Les chambres syndicales les ont remises en faveur.

« Les améliorations et perfectionnements à apporter dans notre industrie, répètent-elles chacune, consistent d'abord à aider le travail par le capital ; ensuite à centraliser toutes les parties similaires dans de grands ateliers de finissage, pour éviter une perte de temps, faute de méthode, en courses inutiles, et *avant tout conjurer le chômage dans les limites du possible, et encourager les sociétés de consommation.* »

Les sociétés de consommations ne trouvent pas seulement des secours et des appuis, parmi les ouvriers. Dans plusieurs villes, on a vu des hommes, dévoués à l'amélioration de la classe ouvrière, en instituer de leurs deniers, et les soutenir de leur générosité. L'Assemblée nationale elle-même a donné à cette forme d'association une sorte d'encouragement [1].

Sous ces impulsions, venues de points divers, les sociétés de consommation se sont grandement multipliées dans notre pays. Paris, à lui seul, en compte vingt-quatre; un grand nombre de départements en possèdent plusieurs : la plupart sont prospères.

Cette forme d'association apporterait-elle dans sa prospérité la paix sociale? servirait-elle à éteindre les haines qui séparent le patron de l'ouvrier ?

Avant tout, il importe de distinguer les associations de consommation, suivant les personnes qui les fondent et les milieux où elles fonctionnent. Les unes sont établies par les ouvriers; les autres par les patrons au profit des ouvriers. Le but de ces deux associations est opposé.

Les patrons, les conseils d'administration

---

1. Rapport de M. de Melun.

des grandes compagnies, des grandes manufactures et des grandes usines adoptent de plus en plus, en France, l'institution de sociétés coopératives de consommation : ils aident de leur encouragement, de leurs conseils, de leur subvention, la fondation de ces associations au milieu de leurs nombreux ouvriers. La société reste sous leur contrôle : grâce à leur direction, elle réussit toujours. Mais, qu'on le remarque, les patrons intelligents et généreux, qui consacrent leur temps et leurs sacrifices à soutenir l'association coopérative de consommation, fondent ces institutions exclusivement pour accroître le bien-être de l'ouvrier et pour augmenter la possibilité de ses économies. S'ils ont quelquefois un dessein secret, c'est d'assurer, par le magasin coopératif, plus de facilité pour acheter la maison et le champ, qui donnera des ressources aux ouvriers, dans les temps de chômage. Du moins le résultat certain, le plus grand, qu'obtiennent les associations de consommation des grandes usines, est toujours d'attacher plus fortement l'ouvrier au patron, et de contribuer ainsi à créer des rapports permanents entre l'un et l'autre !

Est-ce là le résultat que se promettent les as

sociations de consommation, créées par des ouvriers de métiers divers, appartenant à des ateliers séparés ? Non. La pensée qui réunit de dif-
férents lieux éloignés les fondateurs des sociétés
coopératives est une pensée de haine. Les
associés ne veulent point s'attacher plus fortement à leurs patrons; ils veulent être plus indépendants, et pouvoir pratiquer avec moins de
danger leur système d'engagements éphémères.
L'association leur assurera des économies; ces
économies pourvoiront aux nécessités des temps
de chômage, ou bien, si ces épargnes doivent être
appliquées à une œuvre moins négative, elles
serviront de base à l'édifice de la société de production, où les ouvriers rêvent de célébrer l'é-
mancipation du travail !

Autant on peut dire avec raison que les associations de consommation, instituées dans les
grandes usines, complètent, par l'impulsion
qu'elles reçoivent et la direction qu'elles subis-
sent, les bonnes relations des patrons et de
l'ouvrier; autant on peut voir, dans les sociétés
fondées par les ouvriers de nos grandes villes,
l'expression de sentiments d'antagonisme contre
le capital et ses possesseurs.

Une telle association peut-elle contenir dans ses flancs les sources de la paix sociale?

Il est utile d'étudier, plus profondément encore, les diverses expériences d'associations de consommation, tentées dans notre pays. Les unes végètent ou ont échoué, les autres ont réussi.

Les sociétés qui n'ont pu supporter les épreuves de l'existence ont été nombreuses. Comment énumérer toute les causes de leur ruine? Le mode d'organisation était défectueux, ou les administrateurs se montraient incapables et malhonnêtes. Les ouvriers de leur côté achetaient, et remplissaient les fonctions qu'ils avaient assumées; mais la loyauté de leur action s'épuisait contre les vices de l'organisation et l'improbité d'un gérant. L'association succombait!

Les sociétés de consommation qui végètent sont les plus nombreuses entre toutes celles qui existent. La plupart de celles de Paris et de la banlieue traînent une existence languissante, et cherchent dans les moyens extérieurs, dans les systèmes d'organisation, dans une union générale, la vigueur qui leur fait défaut. Les membres retirent de l'association des avantages sérieux de bonne qualité et de bon marché : ils n'obtiennent pas, ce qui est proprement le fruit de l'association de consommation : les économies d'argent relativement fortes, réalisées par les sociétés prospères.

Ce demi-succès suffirait-il pour calmer la haine sociale ? Les documents que nous avons sous les yeux montrent l'effet contraire. Irrités de ne point trouver dans la forme d'association qu'ils ont choisie les avantages qu'ils en attendaient, les ouvriers associés, en même temps qu'ils s'excitent à de nouveaux efforts, pour faire produire à leur union toutes les conséquences désirées, enflamment réciproquement la haine et la jalousie qu'ils ressentent contre le capital.

Supposerions-nous que ces associations demi-prospères n'accroissent pas les haines sociales, et n'augmentent pas, par les déceptions qu'elles font naître, la défiance de l'ouvrier contre le possesseur du capital ? Nos conclusions ne constateraient pas des faits moins malheureux. Le demi-succès laisse les associés dans les sentiments qui les ont unis, leur esprit déçu reste préoccupé de découvrir la voie qui les mènera à la paix, à la conciliation, et consacrera la réconciliation de leurs cœurs agités par l'inquiétude et la pauvreté, avec la société qui les abandonne et ne les protége plus.

Restent les associations pleinement prospères. Où les trouverons-nous en dehors des grandes usines ? Cependant, il en existe çà et là. Leur petit nombre élève déjà une preuve contre les espérances des hommes qui croient à la régénération de la société par les sociétés de consommation !

Mais étendons notre thèse, multiplions, par la puissance de notre esprit, les sociétés prospères de consommation. Faisons violence à la réalité, couvrons d'associations les grandes villes et les grands centres industriels. Les générations d'ouvriers ont-elles enfin trouvé, dans les résultats de leur société, la paix après laquelle ils aspirent ?

Les associés reçoivent, chaque année, une part relativement importante de revenu; ils la transforment en économie ; l'économie engendre dans leur cœur une ardeur nouvelle qui excite le goût du travail, favorise les relations de la famille, détruit les cabarets. Peut-être ira-t-elle jusqu'à réconcilier l'ouvrier avec le capital; peut-être lui

fera-t-elle reconnaître la légitimité de la grande
propriété, en étendant la petite. Ira-t-elle jusqu'à éteindre les haines sociales ? L'économie,
qui a dissipé l'inquiétude du prolétaire, dissipera-
t-elle la haine de l'ouvrier contre le patron ? Non.

Si, en effet, les sociétés de consommation des
grandes usines contribuent à opérer la réconciliation du travail et du capital, qui est le fond de la
paix sociale, c'est qu'elles sont seulement une
partie dans l'ensemble des institutions fondées par
la bienveillance des patrons. Dans l'association
libre, due à l'initiative de l'ouvrier, soutenue par
ses efforts, vivant de son habileté, l'institution
coopérative est tout au contraire : elle ne complète rien, et rien ne la complète. Les associés
recueillent des bénéfices directs ; ils s'abandonnent pour le reste, au courant de leurs sentiments et de leurs peines.

Or l'association coopérative de consommation
redonne-t-elle à l'ouvrier la protection que nos
lois ont retirée à l'apprenti ? Lui restitue-t-elle
l'appui que les décrets de 1791 ont enlevé au
travailleur ? adoucit-elle l'affreuse et terrible
amertume contenue dans la loi économique, devenue loi sociale, de l'offre et de la demande ?

L'association coopérative de consommation permet à l'ouvrier de ramasser plus d'économies ;
lui permet-elle de faire, de ses économies, l'usage
le plus doux que son cœur puisse souhaiter ?
L'ouvrier peut-il, parce qu'il est membre de la
société de consommation, espérer qu'il fondera
l'avenir de ses enfants ?

Hélas ! l'avantage certain, réel, de l'association coopérative est de donner à ses membres
de sérieuses économies : le reste échappe à son
influence. Or, le reste c'est l'ensemble des lois
et des institutions qui enflamment les haines
sociales !

L'expérience de l'association de consommation
prospère nous ramène ainsi aux conclusions que
nous ont fournies les chambres syndicales. Ce
genre de société coopérative procurera de réels
avantages : avantages plus pratiques que ne
donneront jamais les associations syndicales :
elles rendent le travail moins infécond, et portent
souvent l'ouvrier à la pratique des vertus domestiques. Mais, quittons la pensée que la société
de consommation puisse jamais ramener la paix
sociale, et satisfaire les plus légitimes aspirations
des populations laborieuses !

CHAPITRE VII

ASSOCIATIONS COOPÉRATIVES
DE PRODUCTION

L'idéal des populations ouvrières, en proie aux excitations du socialisme, c'est, aujourd'hui, l'association coopérative de production. La plupart des chambres syndicales de la France n'existent que pour le réaliser. La discipline qu'elles s'imposent, les économies qu'elles sollicitent, les associations de consommation qu'elles fondent, n'ont d'autre fin que celle d'acquérir les assises fondamentales de la société de production.

« Je sais, disait, dans un banquet, un ouvrier à ses camarades, je sais que notre corporation, vu les parties similaires qui s'y rattachent, est difficile à grouper en société *coopérative de production*, mais la chose est loin d'être impossible et en voici la preuve : Notre chambre syndicale est reconstituée depuis le 1er mai 1874, et depuis ce temps elle a fait des progrès incontestables. Le 1er mai 1874, nous étions quinze sociétaires syndiqués ; aujourd'hui nous sommes quatre cent cinquante inscrits, sur lesquels trois cents cotisants qui, avec trente centimes chacun par mois, ont réuni neuf cents francs. Que ne ferions-nous pas, s'écriait M. Vescelaire, si les cinq mille ouvriers de la profession venaient se grouper autour de nous ? A cinquante centimes par cotisation, cela produirait annuellement trente mille francs, et quatre années suffiraient pour amasser cent vingt mille francs. *Alors nous pourrions ouvrir un atelier coopératif relativement grand et pouvant occuper des associés de toutes nos spécialités.* »

Tous les adhérents des syndicats ouvriers répètent le même raisonnement; ils ont tous conçu les mêmes espérances.

De puissants encouragements sont venus ajouter leur séduction aux espérances qui entraînent les partisans des sociétés de production. Il se fonde à Paris, à l'heure où ce livre paraît, une grande association qui portera le titre de *Crédit coopératif de France.* L'initiative de son organisation est due aux personnages républicains, que la foule a la coutume d'applaudir dans les clubs. Un des fondateurs définissait le caractère du *Crédit coopératif* : « Cette institution de crédit doit grouper les bonnes intentions, l'expérience et la lumière de tous pour défendre et protéger les intérêts du travail. » Un ancien président du conseil municipal de Paris, le docteur Thulié, achevait cette définition, dans la lettre par laquelle il se ralliait à l'œuvre : « Je déclare adhérer à l'idée d'une banque coopérative pour soutenir et développer les associations, et je promets en outre, qu'après discussion, j'aiderai ladite société de toute mon influence et de mes capitaux. »

Si, à ces encouragements, on ajoute encore les exhortations quotidiennes de la presse, personne ne s'étonnera que les ouvriers mettent leur espoir d'émancipation du travail dans les sociétés de production, et qu'ils redoublent d'activité pour féconder leurs efforts.

Ce n'est pas à dire, cependant, que le mouvement coopératif de production soit de date récente. Non. L'expérience du passé projette sa lumière sur les expériences présentes; elle nous découvre l'importance que peuvent avoir les sociétés coopératives au point de vue de la réforme sociale et du retour de la paix!

Les essais tentés en 1848 se divisent en deux catégories. Ceux qui appartiennent à la première ont mérité, jusqu'à la fin, le titre d'associations de production : ils comprennent les sociétés subventionnées par le gouvernement. Ces sociétés ont ridiculement échoué. Les essais de la seconde comptent trois ou quatre associations qui reposaient sur les efforts personnels de leurs fondateurs; elles subsistent encore aujourd'hui.

Ainsi, du mouvement si actif de 1848, de l'ardeur si vive des ouvriers à cette époque, d'une subvention telle que le *Crédit coopératif de France* n'en pourra jamais accorder de pareille : d'une subvention de trois millions de francs, il est sorti trois ou quatre associations, qui n'ont rien dû qu'au courage personnel de leurs fondateurs! L'expérience générale a été donc faite une fois, l'essai des sociétés de production a été tenté : il n'a pas donné la paix sociale qu'en attendaient les adhérents et les hommes dévoués à leurs efforts!

Plus encore, l'essai s'est continué dans les années qui nous séparent de 1848. La plupart des associations de production ont échoué comme leurs devancières. Soit qu'elles aient accordé un revenu au capital, dans la répartition des bénéfices, soit qu'elles le lui aient refusé, elles n'ont pas eu en elles-mêmes assez de vitalité pour résister aux défauts des associés!

Voudrait-on dire que les essais n'ont pas été tentés dans des conditions favorables?

Deux conditions peuvent être dites favorables aux sociétés de production : les ressources des fondateurs ou leurs vertus.

Or, le plus souvent, les ressources n'ont pas manqué. Mais, chose remarquable, l'argent n'est que le plus faible élément de succès de l'association coopérative. « Tous les essais, a dit le promoteur des sociétés coopératives en Europe, M. Schultze-Delitsch, tous les essais tentés sans apporter à l'entreprise non-seulement des capitaux suffisants, mais l'expérience *commerciale*, sans que *le véritable esprit* règne entre les sociétaires et que l'on puisse compter sur le caractère éprouvé et l'éducation commerciale des fondateurs, sont très-dangereux. » M. Schultze ajoute :

« C'est pourquoi *on ne saurait trop recommander aux ouvriers de ne pas commencer immédiatement* par l'association de production, mais de fonder d'abord, soit une association pour l'achat des matières premières, soit une association de consommation, soit même dans le cas où ni l'une ni l'autre ne serait à réaliser, une association d'épargne. Dans une telle association, les sociétaires amassent non-seulement les capitaux nécessaires à l'association de production à fonder, mais ils développent dans les assemblées générales *l'esprit social*, ils augmentent leurs connaissances, s'approprient les notions nécessaires pour la tenue des livres et de la caisse, etc., et tout cela est absolument *indispensable pour la prospérité d'une association de production.* » S'il fallait montrer dans un fait éclatant, la confirmation des conseils de M. Schultze, nous n'aurions qu'à rappeler l'échec des associations subventionnées. Celles qui ont réussi, ont prouvé d'une manière évidente que la cause de tout insuccès, est dans l'absence du « véritable esprit social et des connaissances commerciales. »

Les vertus personnelles des adhérents de la

société, tel a été en vérité, le fondement de toute association prospère de production.

Or, personne ne le niera, les ouvriers de 1848, ceux qui les ont suivis et les ouvriers qui tentent aujourd'hui de nouveaux essais d'association coopérative, ont été dans une situation également propre à acquérir les qualités indispensables aux succès de leurs efforts!

Comment alors expliquer la faiblesse générale des ouvriers?

Si au milieu de tant d'hommes qui ont essayé l'association de production, il s'est à peine rencontré quelques associés capables de la faire prospérer, c'est que les populations ouvrières reçoivent de leur éducation, de leurs tendances, de la législation, et particulièrement des nécessités de leur vie, une impuissance radicale. Le rêve de ceux qui ont placé leur espoir de régénération sociale dans les sociétés de production se dissipe donc : une association qui réussit dans des cas si rares ne peut apporter la paix sociale !

Il nous plait cependant d'admettre que les sociétés de production, bien dirigées, arriveraient toutes au but qu'elle se proposent. Résoudraient-elles dans ce cas la question sociale? Non.

Si on jette sur la constitution des sociétés coopératives, un rapide regard, l'esprit est, il est vrai, saisi d'admiration, et tout de suite, l'homme d'État, l'économiste, l'ouvrier déclarent que nulle association ne saurait égaler les bienfaits de celle là. Les populations laborieuses éprouvent à l'égard des associations de production, les illusions qui les fascinent dans la question politique. La société de production comme la République ne saurait subsister que par la vertu de ses membres : donc elle sera le but de leurs efforts et l'idéal de leur vie !

Les associations de production les plus célèbres, — et toutes ou à peu près le sont, — ont de plus, conquis le succès, comme les armées remportent une victoire. La misère, la pauvreté, ont assisté au début de l'entreprise : elles ont imposé aux associés une étonnante sobriété, une assiduité rigoureuse, des études constantes, et ces deux maîtresses austères leur ont inspiré des règlements tels, que l'atelier coopératif a ressemblé à un atelier de sages. Qu'on lise l'extrait suivant d'un règlement commun à la plupart des sociétés prospères de Paris :

« La bonne tenue, l'ordre et l'intérêt d'une

association exigent que tous les membres con-
viennent des règles à établir entre eux pour la
bonne exécution du travail, afin que chacun, connaissant d'avance la fonction qu'il a à remplir,
s'en acquitte avec conscience et dévouement.

« Les règlements d'une association de travailleurs librement acceptés par tous, ne sau·
raient être un obstacle à la liberté du citoyen.
Chacun sait que l'activité, l'ordre et l'économie
sont les conditions de la production à bon marché, et que celle-ci, dans une société bien ordonnée, est la source du bien-être de tous. Tous
nos soins doivent tendre vers ce but, qui est
celui-là même que nous nous proposons d'attein·
dre en associant nos efforts.

« Cependant si le bien-être est le but que
nous poursuivons, nous ne le cherchons pas
seulement pour satisfaire aux besoins matériels
de nos familles et de nous-mêmes ; nous le dési-
rons surtout pour arriver par lui au développement complet de nos facultés morales et intel-
lectuelles, pour préparer nos fils à devenir des
hommes indépendants et libres par leur travail
et leurs connaissances; nos filles à devenir des
épouses courageuses et dévouées, des mères

tendres et éclairées. En conséquence, les règlements, tout en laissant à chaque associé la liberté complète de ses actes en dehors du travail,
doivent cependant réprimer les faits qui seraient
de nature à amoindrir la considération que doivent mériter l'association et chacun de ses membres.

« L'ivrognerie est le premier des vices que
doit proscrire l'association ; en ôtant la raison à
l'homme elle l'avilit, le dégrade et le rend indigne de l'estime de ses concitoyens.

« Les injures et les violences, en provoquant
le désordre et les rixes, engendrent l'antipathie
et la haine entre les citoyens ; elles sont antiso-
ciales et attentatoires à la dignité de l'homme.

« Les paroles obscènes, chez celui qui s'en
sert habituellement, sont une des sources les
plus actives de démoralisation pour les jeunes
gens. C'est un poison du cœur, que tout père
de famille doit écarter de ses enfants avec autant
de soin qu'il en mettrait à écarter le poison du
corps.

« La paresse ne doit pas entrer dans l'association; c'est le frelon qui vient dévorer le travail de l'ouvrier laborieux. Le paresseux doit

être chassé de l'atelier comme le frelon de la ruche.

« L'INSOUMISSION A LA LOI COMMUNE menace les intérêts de tous. Si l'associé doit être libre comme citoyen, comme travailleur il doit savoir se soumettre à la discipline qu'exige le travail. La garantie de son indépendance est dans sa participation à la confection des règlements; mais ceux-ci une fois adoptés, chacun doit s'y soumettre avec respect, comme étant l'expression de sa propre volonté et de la volonté de tous. »

Si maintenant, l'œil étonné de tant de sagesse, cherche les résultats obtenus sous l'influence de ces vertus avec l'aide des qualités professionnelles des associés, en vérité, il se laisse fasciner, et l'association de production lui apparaît comme le moyen le plus sûr d'assurer la paix sociale. Il n'est pas de sociétés coopératives prospères, qui en peu d'années n'aient enrichi leurs adhérents, n'aient élevé leur atelier à la hauteur d'une grande entreprise, et n'aient transformé en patrons, les ouvriers fondateurs!

Mais c'est ici, c'est dans la prospérité même de l'association de production que se rencontre l'écueil qui ruinera notre espérance!

L'une des conditions essentielles à une association pour qu'elle puisse donner la paix sociale est qu'elle atteigne un but pratique. Or l'association de production n'a pas virtuellement, un but social pratique; elle n'a pas offert dans l'expérience la preuve que son application puisse être étendue à l'ensemble de la société ouvrière.

Toutes les sociétés prospères de production ont, en effet, traversé deux phases; la première, celle de début, a conduit à la dernière : celle du couronnement des efforts.

Dans la première période, l'association a été une véritable association ouvrière; tous les ouvriers qui ont voulu prendre part à sa fondation, ont été agréés; les droits de tous ont été égaux : ni le temps, ni le travail n'avaient encore permis à personne d'acquérir des droits particuliers..

Mais, après que les premiers moments de l'association ont été traversés; après que les premiers efforts ont eu agrandi, avec le crédit des fondateurs, l'importance et le revenu de l'atelier, lorsque les associés ont dû faire appel à de nouveaux auxiliaires pour répondre aux succès qui couronnaient leur habileté et leurs vertus, alors l'association de production a perdu son caractère de société ouvrière : elle était devenue un atelier ordinaire, ayant à sa tête des patrons nombreux, qui mettaient eux-mêmes la main à l'outil. Les fondateurs étaient devenus patrons ; leurs nouveaux auxiliaires, qui n'avaient point acquis les mêmes droits, restaient ouvriers !

Et, en vérité, pouvait-il en être autrement? Que serait une société où tous les ouvriers seraient patrons, où les serviteurs seraient tous maîtres? Quelle société humaine a jamais existé où ni l'âge, ni les qualités morales, ni les mérites professionnels ne créaient une hiérarchie dans le sein même des populations laborieuses ?

L'avantage de l'association de production n'est pas d'entretenir une pareille chimère. Elle élève quelques ouvriers par un moyen plus facile que d'autres, à la dignité de patron ; mais cette œuvre une fois terminée, la question sociale reste entière pour les anciens camarades des fondateurs de la société, devenus maintenant leurs auxiliaires. Pour ces camarades, c'est-à-dire pour la masse, il faut encore chercher les bénéfices et les bienfaits, qui calmeront l'inquiétude et satisferont les aspirations légitimes.

Les conclusions que l'expérience nous apportent sur les sociétés coopératives confirment donc celles que nous offrent en évidence, les chambres syndicales, et toutes les associations qui naissent de leurs bonnes volontés et **de** leurs efforts. Les associations coopératives n'ont pas dans leur organisation extérieure, assez de puissance pour prospérer; leur force est dans la vertu de leurs adhérents, et — dernier enseignement — la vertu indispensable à leur succès est très-rare !

CHAPITRE VIII

L'ASSOCIATION DE L'OUVRIER AUX BÉNÉFICES DU PATRON

La forme d'association dont nous allons parler a suscité comme les autres sociétés, d'enthousiastes admirateurs. Ce que d'autres ont dit et disent en faveur du genre d'association auquel ils ont coopéré, les partisans de l'association de l'ouvrier aux bénéfices du patron, le disent de leurs efforts et des résultats qu'ils ont obtenus. Ils ont raison. La société, qui admet les ouvriers au partage des bénéfices annuels d'une entreprise, a produit d'heureux résultats, elle a éteint plus que d'autres associations, les haines des ouvriers contre les patrons. Il ne saurait en être autrement dans cette forme d'association, le premier résultat est de faire de l'ouvrier une sorte de patron, jouissant des avantages du patronat, sans en essuyer les fatigues, en courir les chances et les périls.

Mais, dans l'examen de l'association de l'ouvrier aux bénéfices du patron, qui ne serait d'abord frappé de cette pensée, que dans les ateliers importants, dans les manufactures, les usines, les grandes exploitations, où les patrons secourent l'ouvrier en établissant des écoles gratuites, en construisant des maisons à bon marché qu'ils louent à un prix inférieur, en soutenant la caisse de retraite, la caisse de secours mutuels, et les autres institutions propres à améliorer la situation de l'ouvrier dans le présent, et à assurer son état dans l'avenir, qui ne serait frappé de la pensée, que ces diverses formes d'appui et d'encouragement constituent une participation effective des ouvriers aux bénéfices du patron?

A ce point de vue particulier, il a toujours été vrai de dire, avec les partisans fanatiques de l'association de l'ouvrier aux bénéfices des patrons, ce que M. Seydoux, député, disait au Corps législatif en 1864.

« Messieurs, ce n'est pas, sans doute, le mo-
« ment d'aborder la grosse question des asso-
« ciations; je dirai seulement, en passant, que

« ce n'est ni par l'association, encore moins par
« la coalition, que les ouvriers amélioreront leur
« sort : c'est par *la participation, la participa-*
« *tion aux bénéfices.* »

A ce titre, il sera également vrai de répéter
les paroles suivantes, que M. Arago adressait aux
électeurs de Rouen, en 1839.

« Dans cette carrière de progrès, une chose
« que je regretterais d'avoir oubliée, c'est que,
« dans un avenir peu éloigné, il faudra augmen-
« ter le bien-être des classes laborieuses, non
« pas en appauvrissant les riches, mais en enri-
» chissant les pauvres. »

Enfin toujours au même point de vue, il sera
juste aussi de répéter avec un économiste catholique, M. de Courcy.

« Je veux croire, je crois fermement à la
« possibilité de relations moins tendues, plus
« souples, plus réciproquement bienveillantes
« entre le capital et le travail. *La participation*
« *effective du travail aux bénéfices du capital*
« *doit être la base de ces relations.* »

Nous dirons plus. Dans la société de participation formée suivant les principes généraux
que nous venons de déterminer, la parole sui-

vante de M. d'Eichtal, sera pour nous, le commentaire le plus exact du précepte divin : « Aimez-vous les uns, les autres. »

« Exemple insigne entre tous, dit M. d'Eichtal
« en parlant des désordres de la misère livrée à
« elle-même, de cette justice providentielle qui,
« dans le monde, n'autorise pas de perfection
« isolée, qui rend chaque être solidaire du vice
« ou de la souffrance de ceux qui l'entourent,
« qui ne permet ni gloire ni bonheur durable en
« dehors de la gloire et du bonheur de tous. »

Cependant, si à ce point de vue général, la participation des ouvriers aux bénéfices du patron, est un élément essentiel à la prospérité publique et à la paix sociale, les hommes qui défendent cette forme particulière d'association, ne la comprennent point d'une façon aussi large. Ce qui pour nous, est le principe qui vivifie l'association naturelle du patron et de l'ouvrier, est pour eux, l'application spéciale d'une idée, dans des circonstances déterminées.

Nous, nous faisons appel à la justice des patrons, nous leur demandons que, suivant les moyens qu'ils croient les plus efficaces, ils fassent participer les ouvriers aux bénéfices de leur entreprise. Les partisans de l'association spéciale de l'ouvrier aux bénéfices du patron repoussent cet appel, y reconnaissent même un foyer de discorde sociale : « Que nos patrons, fait dire à un de ses ouvriers, M. Leclaire, l'homme qui a le plus contribué à la propagation de l'idée de la participation, *que nos patrons, en sus de notre salaire journalier, nous accordent une part dans leurs bénéfices*, ils auront donné satisfaction à *nos légitimes revendications*, et ils auront fait *leur devoir envers nous, envers la société!*[1] »

Or, quelle forme a revêtu l'association de l'ouvrier aux bénéfices du patron ?

Trois grandes associations de ce genre se sont un instant distinguées en Europe, par l'importance de leurs affaires, par le nombre de leurs adhérents et l'éclat de leur succès.

En Angleterre, un grand propriétaire de houille, M. Brigg, se trouvait depuis plusieurs années, tracassé par l'indiscipline de ses ouvriers, par leurs grèves et leur mécontentement, lorsqu'en

—

1. *Dialogue entre un vieil ouvrier et un bourgeois sur l'association de l'ouvrier aux bénéfices du patron,* par M. Leclaire. Paris, 1871.

1864, il pensa que le moyen le plus sûr de faire cesser l'agitation, était d'élever ses ouvriers à la dignité de patrons. Aussitôt, il divisa le capital de toutes ses houillères en actions de 15 livres (375 fr.), il en mit un tiers à la disposition de ceux à qui il payait un salaire, et de ses clients habituels : il réserva pour lui avec les deux autres tiers, la complète direction de l'association. En même temps, M. Brigg annonçait à ses ouvriers, qu'à partir de l'année suivante, toutes les fois qu'après le prélèvement de la somme nécessaire à l'amortissement du capital, le bénéfice net dépasserait 10 pour 100, la moitié de cet excédant serait distribué au marc le franc de leurs salaires, aux ouvriers et employés, qui feraient inscrire sur un livret à souche, les sommes qu'ils auraient reçues en rémunération de leur travail. M. Brigg, donnait à ses ouvriers, avec l'espérance de devenir co-propriétaires des houilles, la facilité de réaliser leur espérance !

La combinaison adoptée par M. Brigg, réussit dès l'année suivante. Les ouvriers devinrent plus assidus à leurs travaux, les grèves cessèrent, le bénéfice net fut élevé à 14 pour 100. Les actionnaires reçurent 12 pour 100, et les 2 pour 100, qui complétaient la somme des bénéfices, furent distribué aux ouvriers des mines. Les 2 pour 100 représentaient 45,000 francs qui furent répartis en deux {parts : fonds de réserve et dividende des employés! Le dividende des ouvriers non-actionnaires fut égal au 5 pour 100 de leur salaire annuel; celui des ouvriers actionnaires atteignit 10 pour 100.

Dès lors, les ouvriers comprirent mieux la réalité des avantages que la générosité de M. Brigg leur avait assurés, ils redoublèrent d'efforts, et se regardèrent sans même avoir d'actions, comme des co-propriétaires des houillères. Le succès doubla. En 1869, le bénéfice net distribué aux ouvriers était de 78,750 francs, et M. Brigg disait : « Nous avons aujourd'hui plus d'autorité qu'autrefois sur nos ouvriers, il est plus facile de leur faire entendre raison! »

Mais la combinaison offerte par M. Brigg à ses ouvriers constitue-t-elle bien la participation des ouvriers aux bénéfices des patrons? Les bénéfices nets égalent 17 pour 100; sur ces bénéfices les ouvriers ne sont appelés à partager que la moitié de l'excédant de 10 pour 100, soit 3 1/2 pour 100;

le reste revient aux propriétaires. En vérité, si ce mode de partage constitue la forme spéciale de l'association, il sera permis de dire, que la plupart des grandes usines prospères et fondées sur les bonnes relations du patron et de l'ouvrier, dépensent au profit des travailleurs, une somme plus élevée, dont les ouvriers constatent eux-mêmes la valeur et voient l'application pratique. Lequel de ces deux systèmes est le meilleur ? Vaut-il mieux donner à l'ouvrier une part très-minime des bénéfices, tel que le fait M. Brigg, et lui permettre de le dépenser à son gré ? Est-il préférable de consacrer cette somme au soutien d'une caisse de retraite, à la fondation des écoles, à la construction de maisons commodes, à la location de ces maisons ou à tout autre nécessité de la vie ouvrière ?

Mais, étudions l'association des ouvriers aux bénéfices des patrons, dans une seconde application.

Une grande maison de Genève, fabrique de boîtes à musique, la maison Billon et Isaac a organisé depuis trois ans l'association où les ouvriers participent aux bénéfices des patrons. Le but spécial des directeurs de l'entreprise semble être de faire acquérir la propriété de la maison par le travail des ouvriers. A cet effet, ils ont divisé en actions de 100 francs, la valeur totale de la manufacture, et ont accordé aux ouvriers le droit d'acquérir ces actions. L'association marche ainsi à la fondation d'une maison de coopération. Ce n'est point, cependant, dans cet élément de la combinaison de MM. Billon et Isaac que s'entrevoit le partage des ouvriers aux bénéfices de l'entreprise. Chaque année, 5 pour 100 des bénéfices nets sont distribués aux ouvriers ; un intérêt de 6 pour 100 est réservé au capital engagé, et le reste est partagé entre les coopérateurs dans la mesure suivante : une moitié de la part qui leur est attribuée, est immédiatement adjugée, la seconde moitié est réservée pour être transformée en une action de la société aussitôt que la somme atteindra 100 francs. Enfin, dernier trait de cette association, les ouvriers contrôlent l'étendue des bénéfices réalisés, par la nomination de délégués à l'assemblée générale des actionnaires.

L'association de MM. Billon et Isaac a pleinement réussi. Sous l'influence des bienfaits, la moralité des ouvriers a augmenté avec leur assiduité au travail, la discipline des ateliers et les bénéfices de la maison.

Pourtant, est-ce bien là une association des ouvriers aux bénéfices des patrons? La part des patrons n'est-elle point exagérée? Est-il conforme à la justice distributive, sur laquelle repose le fondement de ces institutions, que le propriétaire prenne la moitié des bénéfices en sus de l'intérêt de son argent? L'intelligence qui dirige l'entreprise a-t-elle droit à la moitié des bénéfices de la maison?

Quoi qu'il en soit, l'association des ouvriers aux bénéfices de la maison Billon et Isaac se rapproche du prototype de l'association qui nous occupe : la générosité du directeur est plus large que celle de M. Brigg, et une telle générosité a une influence prépondérante sur la conduite morale et la condition matérielle des ouvriers!

Cependant, l'association des ouvriers aux bénéfices du patron s'est réalisée dans un troisième fait, celui-là plus retentissant en France que ne l'ont été et ne le sont les deux précédents. La maison Leclaire nous offre depuis 1832, l'exemple d'une association des ouvriers aux bénéfices du patron.

Jusqu'en 1852, les tribunaux augmentèrent les difficultés de cette société. En 1843, le préfet de police allait jusqu'à interdire, par les considérations suivantes, le fonctionnement de l'association : « Il y a danger, pour les classes ouvrières et abus à autoriser les réunions d'ouvriers de M. Leclaire, pour s'entendre sur le partage des bénéfices résultant de l'entreprise... L'ouvrier doit rester entièrement libre de fixer et de régler son salaire, il ne doit pas pactiser avec le maître et c'est ce à quoi vise le sieur Leclaire. Par l'association dans les bénéfices, l'ouvrier s'engage avec le maître au delà d'une année, ce qui est défendu par l'art. 15 de la loi du 22 germinal an XI. »

Ces entraves et ces embarras n'éteignirent point l'ardeur de M. Leclaire. Il y trouva une excitation à continuer son œuvre, et en 1854, il triomphait des obstacles que lui créait le pouvoir. L'association dans les bénéfices recevait une existence légale.

Or, quelle méthode est pratiquée dans la maison Leclaire ? L'une des dernières assemblées générales a posé les conditions de l'entreprise sur les bases suivantes :

1° Le fonds social est de 400,000 francs.

200 pour 100 sont fournis par le patron.

200 pour 100 sont fournis par la société de secours mutuels, qui précéda l'institution de l'association dans les bénéfices.

2° L'intérêt des capitaux est payé au 5 pour 100.

3° Le patron, à titre de gérant, reçoit un traitement de 6,000 francs.

4° Avant tout partage des bénéfices, un prélèvement de 1,000 francs a lieu pour l'entretien d'un fonds de réserve, limité à 100,000 francs.

5° Sur le surplus des bénéfices, 25 pour 100 appartiennent au patron, 25 pour 100 sont alloués à la société de secours mutuels et les 50 pour 100 qui restent sont partagés entre les ouvriers.

Qu'on remarque la prescription suivante : « *Les ouvriers non associés* n'ont aucun droit à cette répartition. Ils reçoivent cependant en sus du salaire ordinaire 50 centimes par jour. »

« A l'avenir, ajoute le rapport, cette gratification sera proportionnelle au dividende touché l'année précédente par les associés. »

6° Un comité de conciliation, composé de

neuf membres, cinq ouvriers, trois employés et le patron, peuvent de droit régler les difficultés qui peuvent surgir et 'infliger les peines disciplinaires.

7° La direction, cependant, appartient au patron seul.

8° *L'admission des ouvriers auxiliaires, des apprentis et des associés a lieu au scrutin secret.*

9° Les apprentis doivent savoir lire et écrire, ils sont payés dès le jour de leur entrée dans l'atelier à raison de 75 centimes par jour. »

Le principal trait à remarquer de cette organisation, est qu'elle est véritablement une association composée d'un nombre déterminé d'ouvriers. Tous les employés de la maison Leclaire ne participent pas aux bénéfices annuels de l'entreprise : à côté des associés, on compte des ouvriers qui n'ont aucune part aux bénéfices. La maison Leclaire ressemble ainsi à toutes les maisons ayant des associés : les siens sont plus nombreux, et les bénéfices proportionnels qu'ils réalisent sont moins considérables que dans les autres maisons.

Est-ce encore vraiment là une association

d'ouvriers aux bénéfices du patron? et peut-on vanter le système appliqué ici comme tenant un compte suffisant de chacun des éléments qui composent le succès d'une entreprise? En un mot, le principe de M. Leclaire est-il observé, principe qu'il définit ainsi : « L'homme a des facultés... quand il les a employées, il est d'une équité évidente que le résultat de son travail lui profite à lui, non à un autre? »

Il a suffi néanmoins que le principe de l'association ait été appliqué dans quelque mesure, pour que la haine sociale ait été éteinte dans le cœur des hommes qui en ont profité. L'association des ouvriers aux bénéfices des patrons renfermerait-elle la solution de la question sociale?

A notre avis, il suffira pour répondre à cette question de constater les faits suivants :

La maison Brigg, d'Angleterre, à peine eut-elle réussi et les membres qui la composent eurent-ils à peine obtenu les résultats que le fondateur de l'association avait proposés à leurs efforts, qu'ils détruisirent leur première organisation et s'installèrent suivant l'organisation des entreprises ordinaires.

La maison Leclaire n'a-t-elle point fait ainsi? Les associés de cette importante maison n'ont même pas attendu pour imiter les coopérateurs de **MM.** Briggs, d'être arrivés à ce qu'on pourrait nommer l'atelier de coopération, qui est le couronnement de l'association dans les bénéfices.

Dans ces deux cas, cités en exemple au monde ouvrier, aux philanthropes préoccupés de la question sociale, dans ces deux cas, les seuls qui aient pour eux la durée, et qui, dans leur développement, aient conduit les ouvriers à un certain degré de puissance, l'association n'a pu subsister, dès que le fondateur ne s'est plus trouvé le maître.

C'est qu'une pareille association exige la générosité, impose avec un dévouement peu commun, un renoncement à des bénéfices légitimement acquis. Si ceux qui ont été élevés grâce à cette générosité et à ce dévouement, se montrent incapables d'être à leur tour généreux et dévoués pour la génération d'ouvriers qui les suit, comment attendre que la masse des patrons mette en pratique l'association en participation de bénéfices?

Nous devons particulièrement insister sur ce

point. Nulle illusion ne doit rester dans l'esprit des économistes, et l'évidence elle-même doit empêcher de croire que la bonne volonté des maîtres suffirait à créer des associations de participation, ou que cette bonne volonté est seulement contrariée par l'esprit révolutionnaire de la classe laborieuse. Non, la classe laborieuse n'est point la seule dont les défauts ne permettent pas, dans le plus grand nombre de cas, de soutenir une maison placée sous le régime de l'association dans les bénéfices. Circonstance plus malheureuse et tout à fait inévitable, la plupart des patrons ne voudraient pas fonder ce régime, ni le plus souvent, ne le pourraient. Tout industriel qui admet ses ouvriers au partage des bénéfices, fait en leur faveur un sacrifice d'argent, égal à la surélévation de salaire qu'il leur distribue : c'est là un sacrifice gratuit. Serait-il fécond, ainsi que le prétend M. Leclaire ? Beaucoup de patrons en doutent trop pour y consentir, et combien voudraient y consentir, à qui la situation, cependant prospère, de leurs ateliers. ne le permet pas.

Nous ne devons point cependant omettre l'exemple, en apparence si concluant, de la maison Billon et Isaac, de Genève. Dans cette grande fabrique, l'association dans les bénéfices fonctionne régulièrement, assure aux patrons la paix, et donne aux ouvriers associés de réels avantages. Faut-il donc imiter la maison Isaac et Billon et tout espérer de l'association dans les bénéfices ?

Le premier mouvement des fondateurs de cette grande manufacture, après avoir constaté le succès de leur généreuse initiative, fut d'en communiquer le récit, et d'en proposer l'exemple à la Chambre de commerce de Genève. Or, que répondit la Chambre de commerce ? Elle félicita les heureux fondateurs de la maison ; mais en même temps elle déclarait que deux conditions paraissaient avoir amené l'heureux résultat qu'elle avait sous les yeux.

La première condition du succès était que la fabrication des boîtes à musique, objet de travail de la maison, traversait une période de prospérité exceptionnelle. Qui ne voit, en effet, qu'il faut aux associés en participation de bénéfices avec la certitude du gain, la réalité du gain d'une façon permanente ? Où sont les ouvriers qui voudraient échanger leur salaire fixe, quoique modique, contre la promesse d'un salaire élevé, mais livré aux chances de la perte.

La deuxième condition que la Chambre de commerce regardait comme essentielle dans le succès de la maison Isaac et Billon de Genève, était le mérite particulier du directeur. L'habileté du directeur d'une maison est l'élément indispensable du succès. Si elle fait défaut, ou si elle ne dépasse point les bornes d'une habileté médiocre, elle ne peut servir à la direction d'une grande association! Ou la maison ne donnera pas alors des bénéfices suffisants et proportionnels au redoublement d'efforts qu'elle tentera, ou bien elle menacera d'une manière constante la situation de l'ouvrier. L'employé a besoin d'être soutenu dans ses travaux par une riante perspective!

Nous le demandons à tous, est-ce dans le plus grand nombre d'industries que se trouvent les deux conditions reconnues indispensables par la Chambre de commerce de Genève? Il faudrait ignorer que le nombre des maîtres qui vivent toute leur vie de leur travail, sans que jamais ils acquièrent assez de richesse pour abandonner l'atelier, ou assez d'habileté pour diriger une association, est incalculable, et qu'il comprend pour ainsi dire la population industrielle et commerçante toute entière !

Mais, si à ces conditions presque irréalisables, requises par l'association dans les bénéfices, on ajoute les inévitables difficultés que ce genre de société élève contre le patron et contre l'ouvrier, il devient alors évident qu'à part de rares et peut-être d'exceptionnelles circonstances, l'association en participation de bénéfices est impraticable ! Comment serait-elle la panacée universelle et pourrait-elle étouffer un jour la haine sociale ?

Un grand fabricant bavarois répondait dans une enquête relative à l'association dans les bénéfices :

1° Que la participation des ouvriers aux bénéfices n'est applicable que lorsqu'on admet aussi les ouvriers à la propriété de l'établissement, c'est-à-dire si on le divise en actions;

2° Que, même dans ce cas, le résultat n'est pas certain par des circonstances diverses. Il sera applicable, ajoutait-il, par exemple, aux établissements isolés ou situés dans de petites localités, tandis qu'il sera impossible dans le grand district manufacturier et dans les grandes villes ;

3º Enfin, la véritable participation est matériellement impossible dans beaucoup d'industries, spécialement dans celles où la matière première a une très-grande valeur par comparaison avec le prix de façon.

Ces faits sont évidents : ils résument nos observations. Le dernier point de la réponse de l'entrepreneur bavarois suffirait au besoin à démontrer que, quel qu'ait été le succès de l'association des bénéfices dans plusieurs circonstances déterminées, l'association elle-même, impraticable dans la plupart des industries, ne saurait être considéré comme un remède efficace contre la plaie sociale !

CHAPITRE IX

INFLUENCE DU BIEN-ÊTRE MATÉRIEL
SUR L'ORDRE MORAL

Les associations ouvrières, dont nous venons de faire la description, ont pour but de procurer à leurs membres les satisfactions matérielles de la vie : toutes s'acheminent vers une forme de la société de production. L'association de production proprement dite est en effet la seule société qui accorde à l'ouvrier ce qu'il nomme « l'émancipation du travail », et seule, elle éteint les haines sociales parce qu'elle retire ses membres, du « prolétariat », pour les faire participer aux droits et aux jouissances du patron. En résumé, dans toutes les associations que nous avons étudiées, le problème social se pose en ces termes : tant que l'ouvrier ne sera pas patron, l'organisation sociale sera mauvaise. La question sociale réduite à ces éléments, montre de suite aux économistes, l'erreur de leur conduite, et prouve avec éclat que quelque généreux que puisse être le soutien qu'ils accordent aux sociétés ouvrières, c'est en vain qu'ils en espéreraient la solution de la question sociale. Une société où tout ouvrier serait patron ne serait plus une société.

Cependant, à côté de ces partisans d'associations qui ont pour but d'arriver à l'émancipation du travail, se rangent plusieurs autres catégories d'hommes, désireux d'assurer aux populations ouvrières, une situation telle qu'elles se trouvent heureuses de la part et du rôle qui leur échoit dans la vie

La première de ces catégories forme la dernière classe des économistes utopiques : elle prend pour but d'amener la paix sociale en procurant aux ouvriers le bien-être matériel. Suivant ses partisans, tant que l'ouvrier recevra un salaire élevé au-dessus de ses besoins naturels, tant qu'autour de lui, il pourra facilement faire prospérer ses économies, sa condition sera bonne. Ne leur parlez pas de diminuer les besoins factices de la population, ne les interrogez pas sur les moyens de faire produire des économies à l'ouvrier. L'ouvrier a un salaire qui correspond aux besoins d'un homme modéré, cela suffit à leur espérance.

Les faits élèvent contre cette théorie une irrésistible protestation. Serait-il vrai que la condition matérielle des ouvriers fût bonne; serait-il vrai que les populations ouvrières n'eussent qu'à jeter autour d'elles l'argent de leurs économies pour le faire fructifier; la condition générale des ouvriers ne serait pas pour cela satisfaisante! La question de l'amélioration du sort des ouvriers n'est pas posée, en effet, le plus souvent, sur le point de savoir si l'ouvrier a une rémunération suffisante, et s'il peut matériellement se servir de son argent dans le présent et pour l'avenir : elle repose au contraire sur le point de connaître les moyens qui amèneront les ouvriers à croire que le salaire suffisant qu'ils reçoivent est satisfaisant, et à juger qu'il leur est utile de prévenir par l'économie, les désolations d'une vieillesse abandonnée!

La théorie du bien-être matériel dans la question sociale, a reçu un appui considérable des enquêtes ordonnées par l'Assemblée nationale.

Deux députés, M. le comte de Melun et M. Ducarre, avaient été chargés de rédiger les conclusions des travaux de la commission nommée pour étudier le sort de la classe ouvrière en France. Les deux honorables rapporteurs ont présenté, dans une forme diverse, comme enseignement de cette grave enquête, que le législateur n'avait qu'à laisser aux ouvriers la prétendue liberté assurée par la grande révolution, que la condition matérielle des ouvriers était satisfaisante, et que dans ces conditions la question sociale n'avait pas de raison d'être !

Il nous faut donner ici les extraits de l'un et l'autre rapport.

M. Ducarre examine la situation respective de la petite et de la grande industrie :

« En France, avec la liberté du travail, chacun peut choisir la profession la plus conforme à ses aptitudes. Il peut, à son gré, travailler, soit :

« A l'*industrie extractive* qui, après l'agriculture et l'importation, fournit aux arts et à l'industrie des matières premières qu'elle extrait du sol.

« A la *grande industrie* qui, dans ses ateliers, usines ou manufactures, élabore, prépare, transforme les matières premières en objets utilisables, à l'aide du puissant outillage créé par la science, réuni par les capitaux de l'épargne, et mis en œuvre par des chefs intelligents et capables.

« A la *petite industrie*, répartie sur tout le territoire dans chaque ville, bourg et village, à la portée des consommateurs, sur la commande et aux goûts ou besoins desquels elle façonne, prépare, ajuste et distribue les produits que la grande industrie lui a livrés.

« Ces trois modes du travail industriel sont solidaires et inséparables ; une perturbation, un arrêt de l'un d'eux suffit pour suspendre la vie industrielle dans les deux autres. Aucun des trois ne peut absorber ou supprimer les autres ; la petite industrie, que la grande semblait devoir faire disparaître, compte aujourd'hui, en personnel et en chiffre de produits, pour plus de moitié (1,657,000 patrons et ouvriers sur 1,131,000, et 6,400,000 fr. sur 12,700,000 fr. de production annuelle).

« Pour prendre part à ce grand mouvement industriel, il faut commencer par l'instruction élémentaire du travail, *l'apprentissage*, continuer par l'instruction secondaire, le *salariat*,

avant d'arriver au rang de producteur respon-
sable : le *patronat*.

« Après l'éducation de famille et l'école pro-
fessionnelle, c'est dans la petite industrie que se
fait l'apprentissage.

« L'apprenti, devenu ouvrier, passe à la
grande usine, il y continue son instruction pro-
fessionnelle pendant la période du salaire à la
journée, période essentiellement temporaire,
analogue à celle du tour de France des anciens
compagnons ; il lui est interdit de s'y attarder,
d'y gaspiller ses années de jeunesse, de vigueur,
où l'on apprend mieux, où les besoins sont
moins grands, sous peine de salaire insuffisant,
parce qu'il aura pour concurrents les nouveaux
ouvriers, apprentis d'hier, qui, moins habiles à
produire, font baisser le taux du salaire à la
journée.

« Cette période franchie, l'ouvrier devient
artisan, façonnier, travaillant aux pièces, chez
lui ou à l'usine, gagnant deux ou trois fois le
prix du salaire à la journée, en attendant qu'il
devienne contre-maître, associé, petit ou grand
industriel, suivant sa valeur et ses aptitudes.

« Les salaires à la journée sont les seuls que

la statistique puisse recueillir et enregistrer; en comparant les chiffres de 1853 et ceux de 1871 (annexes n°s 10 et 11) on trouve que la moyenne s'est élevée, à Paris, savoir :

« Le salaire des hommes, de 3,82 à 4,99 ;

« Celui des femmes, de 2,12 à 2,78.

« Et dans les départements :

« Le salaire des hommes, de 2,06 à 2,90 ;

« Celui des femmes, de 1,07 à 1,48.

« Soit en 20 ans une hausse moyenne de 40 pour 100 (2 pour 100 par an). Il faut aussi se souvenir que le salariat à la journée est toujours influencé en moins par l'arrivée des nouveaux ouvriers que fournit l'apprentissage. La moyenne des salaires aux pièces ou à façon qu'il est impossible de connaître, est beaucoup plus élevée.

« Telle est la voie rude, laborieuse, mais conduisant à un but certain, *l'indépendance et la sécurité des vieux jours, dans laquelle sont engagés trois millions deux cent mille travailleurs industriels français, dans la proportion de trois ouvriers pour un patron.* Parmi ces derniers, nous le répétons, 80 pour 100 sont d'anciens ouvriers et 15 pour 100 fils d'ouvriers.

« Rêver l'absence complète de contestations

et de conflits entre trois millions d'hommes qui ont chaque jour à débattre et à régler entre eux des questions d'intérêt et des rapports professionnels variant à l'infini, c'est vouloir l'impossible. Autant vaudrait proposer la suppression des tribunaux et des services chargés d'assurer la sécurité publique ! Le monde industriel a ses intérêts opposés comme tous les autres, seulement leur règlement est inoffensif et sans péril, depuis que la liberté du travail les a faits individuels, depuis que patrons et ouvriers les règlent individuellement entre eux, et que la loi n'intervient que pour assurer l'exécution de ces conventions individuelles. Votre Commission a *vainement cherché à constater cet état général de lutte et de guerre, qu'invoquent à chaque instant les partisans du retour au régime des corporations* [1]. »

M. Ducarre résume à la fin de ses travaux les conclusions de la commission d'enquête. :

---

[1]. Rapport fait au nom de la commission d'enquête parlementaire sur les conditions du travail en France, par M. Ducarre, pag. 181, 182, 183.

Conclusions.

« En fin de compte, et en écartant les questions locales, votre Commission a trouvé face à
face et en lutte constante, la *réglementation* et
la *liberté du travail.*

« Est-il possible de réglementer le travail sans
arrêter immédiatement sciences, progrès, perfectionnements et découvertes ?

« Avec notre histoire industrielle de quinze
siècles, votre Commission répond : NON, — et si
par impossible on se résignait à le tenter, qui
donc formulerait ces règlements ?

« Faudrait-il laisser ce soin à des collectivités,
syndicats, corporations, communautés, ou maîtrises, isolées ou fédérées entre elles?

« Ce serait organiser un État dans l'État.

« Faut-il que l'État réglemente lui-même et
assume une fois de plus les responsabilités
sous lesquelles ont plié les Valois, Henri IV,
Louis XIV, Colbert et la Convention?

« Poser de pareilles questions, c'est les résoudre par la négative.

« La liberté du travail formulée par Turgot,

décrétée par la grande Constituante, est la raison d'être de notre prospérité industrielle.

« Elle laisse à tous les citoyens français, ouvriers ou patrons, le soin de régler leurs rapports professionnels comme ils l'entendent.

« Elle interdit à toute collectivité, quels que soient son nom, sa forme ou son origine, de se substituer à leur initiative personnelle.

« Les lois actuelles n'interviennent que pour protéger et faire exécuter les conventions librement consenties par eux et entre eux.

« Perfectibles comme toutes les œuvres humaines, ces lois doivent être tenues au courant, au niveau du progrès et de la civilisation. Mais elles doivent respecter, avant tout et de la manière la plus absolue :

« LA LIBERTÉ INDIVIDUELLE DU TRAVAIL (1). »

Voilà le résultat d'une enquête générale ! Quoi ! la société ouvrière est à ce point travaillée d'inquiétude et de douleur que l'Assemblée nationale croit utile de nommer une commission

1. Rapport de M. Ducarre, page 188.

spéciale, et le rapporteur nie la réalité de ces douleurs et de ces inquiétudes! Il n'existe plus aux yeux de M. Ducarre de question sociale ni de malaises sociaux ! tout se réduit à connaître le profit que l'industrie retire des lois existantes ! l'ouvrier disparaît et la machine l'emporte ! Comment l'ouvrier serait-il admis à protester et à se plaindre contre une si aveugle conclusion : « Nous avons dit, répond M. Ducarre, que l'entente entre l'ouvrier et le patron résultait de ce qu'ils ont un égal besoin l'un de l'autre. » « Les salaires sont suffisants, dit-il ailleurs, et tout ouvrier honnête PEUT arriver à l'économie! » Mais tout ouvrier y arrive-t-il ?

C'est ainsi que la commission de l'Assemblée a cru la question sociale résolue, parce qu'on lui a assuré que l'ouvrier jouissait de salaires suffisants! Elle n'a donc pas regardé autour d'elle ; elle n'a donc pas vu que la prétendue élévation du salaire existait avant la Commune, et que cette élévation avait apporté ses bienfaits aux ouvriers, avant tous les graves désastres qui ont désolé notre pays!

Le rapport de M. le comte de Melun, quoique moins âpre, ne croit point non plus que la législation révolutionnaire doive être modifiée. L'honorable rapporteur étudie une à une les conditions de l'existence physique de l'ouvrier.

« Sous le rapport sanitaire, les conditions actuelles sont très-améliorées, l'introduction de plus en plus générale des machines ménage les forces de l'homme, et la construction mieux entendue des ateliers le place dans un milieu beaucoup plus favorable. »

M. le comte de Melun se demande ensuite si l'ouvrier est entouré d'institutions qui le portent à l'économie. Il montre les résultats de la caisse d'épargne; il souhaite que l'accès de ces caisses soit facilité aux habitants de la campagne. Puis il jette un regard sur l'utilité des sociétés de secours mutuels. Puis il étudie l'œuvre instituée par une loi de 1850, qui établit en faveur des pauvres une caisse spéciale où l'argent versé se capitalise aussitôt. Enfin, l'honorable rapporteur recommande une institution créée en 1868, qui a pour but de fonder une caisse d'assurance en cas d'accident. En vérité, y a-t-il rien à changer dans notre législation : nulle institution d'assistance ne manque à l'ouvrier !

La commission d'enquête n'a point vu que

ce sont les ouvriers qui manquent aux œuvres d'assistance.

Rendons justice cependant à toutes les parties du rapport de M. le comte de Melun. Si l'honorable député a soutenu la théorie de ceux qui pensent que les logements salubres, les salaires abondants et les nombreuses institutions suffisent pour assurer la paix sociale, s'il a cru, à leur suite, que la situation de notre pays réclamait seulement la liberté du travail, néanmoins, tandis que l'honorable rapporteur méconnaissait à ce point l'absence d'une protection efficace dans la législation, il faisait ressortir quelques-unes des conditions que les patrons doivent remplir, dans l'état où est la France, pour ramener, autant que cela se peut, la paix dans leur atelier et la fécondité dans leurs entreprises.

Il nous faut dire encore un dernier mot sur les croyances funestes des hommes d'État, des économistes qui ont une confiance absolue dans le pouvoir des salaires et des associations d'assistance.

Oui, les ouvriers de nos villes, oui, les ouvriers de nos grandes usines habitent un logement salubre, reçoivent une suffisante rémunération et sont entourés de sociétés de secours.

Mais, à quoi cela a-t-il servi au point de vue de la question sociale ? Cette prospérité matérielle n'a pas pour ainsi dire, étouffé une plainte et n'a calmé aucune irritation : elle n'a rendu à l'ouvrier aucun de ses droits essentiels. Malgré ces bienfaits, bienfaits incontestables, les haines sociales s'accroissent, les engagements deviennent de plus en plus éphémères, l'incertitude augmente et chaque jour l'armée de la révolution recrute de nouveaux soldats !

Y aurait-il donc dans la question sociale un mystère impénétrable? et serons-nous condamnés à ne jamais revoir les temps de paix, au milieu desquels la France prospère brilla d'un éclat incomparable. Le mystère le voici :

Nos institutions, qui donnent à l'ouvrier de l'argent et des secours sont incomplètes ; elles donnent des salaires et ne permettent pas d'en jouir ; elles assurent des secours, et privent l'ouvrier de la première protection qu'il réclame, la protection de son honnêteté dans ses filles, la protection de la faiblesse dans ses enfants devenus apprentis, la protection de ses droits professionnels dans sa personne, enfin la protection de son pouvoir paternel au lit de mort. Tant que

ces biens n'auront pas été rendus aux populations laborieuses, la question sociale pourra
bien être étouffée dans les grandes manufactures,
sous des bienfaits innombrables ; elle ne le sera
pas au milieu des ouvriers si nombreux de la petite industrie !

CHAPITRE X

Nous n'avons point la prétention d'avoir défini dans les chapitres qui précèdent toutes les variétés des utopies sociales. Nous avons fait ressortir le caractère de celles qui de nos jours sont embrassées avec le plus d'ardeur.

Les utopies sociales ont une source commune, source fatale à la prospérité et à la gloire des nations : l'oubli du passé, le dédain des traditions, le mépris des modèles. A nous, ce mépris, ce dédain et cet oubli, nous ont apporté les maux de la Révolution française et les désordres sociaux qui tourmentent notre pays depuis quatre-vingts ans.

Le travail a ses lois éternelles comme la famille. La classe ouvrière, qui les suit, jouit de tout le bonheur que la Providence a départi à sa condition ; les hommes qui s'en écartent ne trouvent ailleurs que misère et déception. Les ouvriers ne sont pas heureux ici d'une façon, là d'une autre. Ils ne vivent et n'ont vécu, en tous lieux, dans tous les temps, tranquilles sous leurs fardeaux, qu'en observant toujours les mêmes préceptes et les mêmes prescriptions. Les changements du commerce et de l'industrie n'exigent jamais de nouveaux procédés pour acquérir la paix ; les grandes transformations compliquent les données du problème de l'existence ; elles ne les changent point, surtout elles ne les rendent pas insolubles.

Les ouvriers de la grande industrie contemporaine obtiennent plus difficilement satisfaction, à travers les mille dangers moraux et les difficultés physiques de la fabrique, ils ne l'acquièrent point par des procédés inconnus à la grande industrie qui florissait avant la Révolution française. Toujours l'ouvrier et le patron ont combattu les effets de la concurrence : concurrence de métiers, concurrence de matières ; toujours le patron a tendu à ne faire qu'un instrument productif de la force de l'ouvrier ; toujours les ouvriers ont essayé de faire augmenter leur salaire et diminuer, leurs travaux.

Il y a eu des grèves, même aux époques les plus prospères de l'histoire du travail. La question ouvrière n'est pas moderne, elle est de tous les temps parce qu'elle procède des passions originelles de l'homme. Vouloir la résoudre sans tenir compte des solutions efficaces présentées par les générations qui nous ont précédés, c'est donc croire que le monde a commencé de nos jours, que notre humanité diffère de celle de nos ancêtres; pour les hommes que les exigences du gouvernement d'un État ou d'un atelier portent à chercher les voies de la paix sociale, c'est mépriser le guide le plus sûr, et repousser la lumière qui a éclairé le monde depuis la création. Comment appeler les hommes politiques, les économistes qui non-seulement rejettent le résultat des expériences faites avant notre époque, mais encore le dédaignent parce qu'il s'est produit à un temps qui n'est plus le nôtre? Ceux-là, il faut le dire, sont les mêmes qui se persuadent que les nations peuvent être prospères en vertu de principes que l'esprit humain n'a pas encore découverts et qui croient que la famille se soutiendra dans la dignité et le bonheur, en pratiquant des théories qu'enfin le XIXe siècle aurait enfantées.

Étrange pays que le nôtre ! Aucune autre nation du monde n'a d'aussi belles traditions. L'État, l'atelier, la famille, ont acquis par les œuvres de l'esprit, par le courage de l'âme et du cœur, l'austère pratique du devoir, des titres éclatants de noblesse. Quelle est la famille ancienne qui ne rencontre dans ses ancêtres des caractères élevés, quel corps de métier ne possède des archives dont il a le droit d'être fier ? et pourtant nous agissons aujourd'hui comme si nous étions nés d'hier, et comme si nous n'étions les héritiers d'aucun père ! En aucun autre État de l'Europe, la tradition n'est à ce point ignorée, dédaignée.

Mais, circonstance aggravante, loin que les malheurs amenés par l'oubli de la tradition aient éclairé notre esprit, loin que les désordres de notre patrie nous aient porté à rechercher, dans les pays voisins, les institutions qui y maintiennent la paix, nous nous sommes orgueilleusement obstinés dans notre mépris. Dans l'étude des questions sociales nous méconnaissons aussi bien l'histoire du travail avant l'ère de la Révolution, que nous sommes ignorants, la plupart, des conditions qui assurent présentement la sécurité aux ateliers prospères de notre pays. Or, c'est dans cette histoire, c'est dans cette connaissance seule, que se trouvent les moyens de résoudre les problèmes sociaux !

Il nous faut donc étudier la prospérité de deux sociétés diverses : celle de la société qui précéda 1789 : nous referons l'histoire de la corporation ; et celle de la société contemporaine : nous montrerons les meilleurs modèles qui honorent notre pays !

Ce nous est un devoir de rendre ici un hommage respectueux à l'homme éminent qui le premier, au milieu de nous, sut trouver dans les inspirations de son patriotisme, la méthode d'étude dont nous venons de parler. L'illustre auteur de la *Réforme sociale*, M. F. Le Play, témoin malheureux des maux qui divisent notre pays, a élevé les vertus de l'abnégation jusqu'à la hauteur du génie. Il a montré la voie qui nous ramènerait à la paix sociale, non pas en essayant de créer de nouveaux chemins à l'humanité, comme l'ont tenté tous les réformateurs qui ont échoué, mais en déblayant, avec une patience à toute épreuve et une admirable sagacité, les routes anciennes, aujourd'hui obstruées par de funestes lois et de mauvaises coutumes, routes qui ont conduit à la prospérité tous les peuples qui les ont suivies!

CHAPITRE XI

LES PHASES D'EXISTENCE DES
CORPORATIONS

L'histoire de la classe ouvrière, avant la Révolution française, se divise en périodes de prospérité et de décadence. Cependant, dès son origine, la société du travail est constituée à peu près telle que nous la trouvons en 1789; au milieu de ses vicissitudes, elle reste assise sur les mêmes fondements : le régime de la corporation. Une institution qui compte plus de mille ans de durée mérite certes mieux que le dédain; il vaut la peine de consulter les résultats qui en ont été le fruit et de se demander si, durant ce long espace de temps, au milieu de régimes politiques divers, dans des conditions absolument contraires, le corps de métier a été, comme ses adversáires le prétendent, un établissement factice.

La corporation est, en France, contemporaine de l'industrie et du commerce. On ne rencontre pas dans l'histoire la plus reculée, d'artisan qui ne se rattache à ces corps de métier.

Avant Charlemagne, et quelque temps après lui, la condition de l'ouvrier n'était pas heureuse. Si la corporation existait, la société ouvrière elle-même, soumise à l'autorité arbitraire des seigneurs, subissait l'esclavage. Pourtant, quelle que fût la barbarie des temps, le corps de métier servait déjà de refuge aux populations laborieuses et constituait pour elles une institution salutaire.

Au VIIIe et au IXe siècle, la semence de la corporation était seulement comme jetée, elle n'avait pas encore germé. On ne la voit se lever et grandir qu'à l'époque où la puissance royale débarrasse le monde industriel et commerçant des mille jougs de l'organisation féodale qui l'accablait. Les croisades, les guerres intérieures que les seigneurs féodaux prenaient plaisir à provoquer, préparèrent les esprits à la liberté en les forçant à organiser la résistance.

La forte organisation féodale qui avait précédé les beaux siècles du moyen âge avait créé les villes autour des châteaux forts. Durant la période tranquille, la vie agricole et industrielle jeta ses racines. Lorsque le seigneur turbulent, appelé par des expéditions lointaines ou excité par le besoin de guerroyer contre son suzerain, voulut détruire l'existence paisible de ses vassaux, ceux-ci sentirent aux maux de la guerre les charmes de la paix, ils comprirent qu'ils étaient la force de leur seigneur et qu'ils pouvaient beaucoup contre lui, tandis qu'il n'était rien sans eux. Pour assurer leur tranquillité, les membres du même corps de métier s'unirent alors plus fortement entre eux; les corporations isolées n'étant pas assez fortes, elles se concertèrent entre elles. Au XIIe siècle et au XIIIe, les communes dont la royauté prononça l'affranchissement n'étaient autre chose que des réunions de corporations. Le corps de métier avait été la première association publique; elle venait d'enfanter l'association communale!

La société ouvrière du XIIIe siècle ne reparaîtra plus dans le monde. La classe laborieuse n'avait pu trouver la force de résister à la tyrannie féodale, qu'à la condition d'être intimement unie, rigoureusement disciplinée. Alors tous les artisans n'avaient qu'un nom. Ceux que, depuis, nous avons divisés en bourgeois et ouvriers prenaient leur repas à la même table et travaillaient côte à côte dans la même boutique, dans le même atelier!

Bientôt, néanmoins, à mesure que cette admirable organisation produisait des fruits heureux, les artisans enrichis séparèrent leur cause et leurs habitudes de celles des hommes que les circonstances retenaient dans la pauvreté. La commune fondée, les bourgeois ayant acquis une puissance capable de contrebalancer l'autorité du seigneur, la corporation se divisa, sinon nominalement, du moins en fait. Les artisans maîtres, jaloux de l'influence dont ils disposaient, rendirent plus étroite la porte d'entrée de la corporation et semèrent de difficultés et d'entraves la route qui y conduisait. L'artisan ouvrier, de son côté, sans quitter cependant la corporation à laquelle le retenaient des relations d'affectueux patronage, se créa de nouveaux liens. Il se fit compagnon, il chercha dans une association nouvelle les honneurs qu'il lui devenait plus difficile d'acquérir dans l'ancienne; et comme alors les routes étaient plus sûres, que dans toutes les villes le commerce et l'industrie se ranimaient, il recula les barrières et devint membre d'une association presque nationale.

Hélas! les désordres et les désastres de la guerre de Cent ans vinrent détruire ce récent abri des ouvriers, au moment le plus favorable. Le commerce fut anéanti, les hommes furent décimés chaque année par la guerre; beaucoup de villes et de villages furent pillés, ravagés, détruits; le brigandage infesta les grands chemins. Pourtant, au milieu d'une si horrible tempête, les traditions de l'art et les artisans eux-mêmes ne disparurent pas; la corporation les sauvegarda. Le corps de métier, d'où était sorti l'industrie qui avait formé la commune et détruit l'influence de la féodalité, protégea encore dans ces temps affreux l'existence et les droits de l'ouvrier. Il ne fallut après l'orage que quelques priviléges concédés par la royauté, pour que l'armée des artisans reformât aussitôt ses rangs. La corporation, qui avait créé la France et l'avait empêchée de périr, maintenant la reformait.

Avec la Renaissance commence une phase nouvelle de l'existence de la classe ouvrière. La corporation était née, durant le moyen âge, du besoin qu'avaient les ouvriers d'être protégés contre les entreprises des seigneurs. Elle s'était élevée comme un pouvoir contre un autre pouvoir, n'ayant cependant d'autre but que de faire respecter les droits de l'artisan. A la fin du xv⁰ siècle et au xvɪ⁰, elle pourvut à une nouvelle nécessité et reprit une plus grande vigueur, afin d'accroître ses propres forces et de lutter contre l'invasion des ouvriers étrangers. A ce moment aussi, la corporation cessa d'être une institution séparée de l'autorité du roi : le roi lui-même l'encourageait, la fortifiait, et lui donnait des priviléges. Le corps de métier eut pour but de favoriser la prospérité du commerce et de l'industrie nationale. Le compagnonnage, toujours subsistant, ne devint pas, à la faveur des communications, une société pareille à l'association internationale : il servit à rendre les relations plus faciles et à favoriser l'humeur voyageuse des ouvriers turbulents. La paix sociale régna dans cette nouvelle période de la corporation comme elle avait régné durant le xɪɪ⁰ siècle et le xɪɪɪ⁰.

Colbert inaugura la dernière phase de la corporation.

Jusqu'ici, il ne nous a pas été possible de voir dans la corporation une association imposée par les seigneurs. Ce sont au contraire, les artisans eux-mêmes qui instituent le corps de métier contre l'oppression féodale ; ce sont les ouvriers qui le réclament et se montrent fiers de son organisation. L'association du compagnonnage ne fut pas non plus une association faite pour introduire une plus sage économie dans l'organisation sociale ; elle fut créée comme par dépit et par vengeance, sur le modèle chrétien de la corporation, pour consoler les ouvriers des humiliations que la force croissante des patrons leur imposaient, et aussi pour faire valoir les droits que leur assuraient les textes formels des statuts du corps de métier.

Charles VII, Louis XI, Henri III, Louis XIII avaient accru les priviléges de la corporation, mais ce fut souvent dans un intérêt purement fiscal.

Colbert, lui, ne mêla pas à sa politique commerciale, d'intérêt fiscal ; il poursuivit le dessein d'enrichir l'État par la prospérité des industriels et des commerçants.

Jusqu'à Colbert, les rois de France et leurs

ministres avaient laissé à sa liberté la société ouvrière. Les gouvernements n'étaient guère intervenus qu'afin d'empêcher les plus grossiers abus ou pour les commettre eux-mêmes au profit du trésor royal. Ils avaient soutenu aussi bien l'organisation des artisans réunis en corporation que celle des ouvriers libres, et n'avaient jamais montré de préférence intime pour l'un ou l'autre système. Colbert fit autrement. Il voulait la France enrichie, et il étudia les procédés les plus efficaces pour acquérir des richesses ; il les compara, et il tenta d'appliquer rigoureusement sur toute la surface du territoire, le système qui lui avait paru le plus fécond.

Les prédécesseurs du ministre de Louis XIV avaient favorisé la corporation sans attribuer à cette institution d'autre importance. Henri III était allé, il est vrai, jusqu'à imposer des corporations à tous les métiers, prétextant l'avantage isolé du consommateur ; mais on vit bien par la suite qu'il attachait peu de valeur à cette forme d'union. Colbert la défendit, parce qu'elle lui parut la plus naturelle, la plus puissante, la plus parfaite des associations ; et il essaya de réduire tous les métiers en corporation. C'était là une méthode injuste, mais quels prodiges n'enfanta-t-il pas avec elle! Par les manufactures, par ses réunions d'artisans, par les priviléges nouveaux dont il dota toute association d'ouvriers, il renouvela la face du monde commercial et industriel, il tripla les forces de la production, pourvut aux besoins de la nation, anéantit l'importance étrangère et créa l'exportation. L'époque de Colbert fut, grâce au triomphe de la corporation, une grande époque de paix sociale et de prospérité matérielle.

Cependant, la vie de Colbert apporta en même temps, un enseignement d'une valeur égale à celle de l'expérience qui démontrait la fécondité de la corporation. Si ce grand ministre sut reconnaître que le système de corps de métiers pouvait seul créer l'union entre les patrons et les ouvriers, s'il vit justement que cette union seule était capable d'enrichir le pays et de l'honorer par des produits d'une valeur et d'une beauté incomparables, il arriva cependant que la fin du règne de Louis XIV révéla l'immense faute que Colbert avait commise, en intervenant d'une manière impérieuse dans la direction et l'organisation du commerce et de l'industrie. Autant Colbert

avait tout sacrifié à la prospérité des corporations, autant ses successeurs immédiats, poussés
par la même autorité qu'il s'était arrogée à
lui-même, sacrifièrent l'avenir des corporations
à toutes choses. Les armées manquaient-elles
d'argent, les ministres ajoutaient un impôt aux
maîtrises et aux apprentissages. Voulait-on créer
des routes, des canaux, des châteaux, des parcs,
on pressurait l'industrie et le commerce. Les
corps de métier, qui étaient devenus, par l'habileté de Colbert, les trésors de la France, devinrent par l'imprévoyance de ses successeurs
des institutions propres seulement à être oppri-
mées.

Sans nul doute, une aussi injuste conduite
envers les corporations aurait peu à peu ruiné
leur force ; mais les désastres des dernières années du grand roi ne laissèrent pas au temps le
pouvoir de leur porter le dernier coup. Les
difficultés et la ruine du commerce ne permet-
tant plus aux membres des corporations de réaliser des bénéfices, ils ne purent plus suffire
aux charges qui pesaient sur eux. Les ouvriers
s'éloignaient des fabriques ; la vie agricole devint si pénible que les paysans suivirent sans

hésitation, les capitaines enrôleurs qui les recrutaient pour des guerres meurtrières. Les corporations pourtant ne disparurent pas, elles se transformèrent : elles devinrent des monopoles. Lorsque, de toutes parts, des cris s'élevaient contre elles en faveur de la liberté du travail, il ne restait plus des anciennes institutions que le nom ; les conditions du patron, de l'ouvrier, de l'apprenti étaient complétement changées. A cent ans de distance environ, l'association des corps de métiers, après avoir produit des merveilles et en avoir couvert l'Europe, était universellement décriée. Elle qui, lorsque Louis XIV entrait solennellement dans une ville, occupait une part si brillante dans le cortége royal, elle était, à l'avénement de Louis XVI, proscrite de toutes parts. L'histoire ne nous enseignerait-elle point la succession des tristes événements qui remplissent l'intervalle de ces deux dates, qu'on ne pourrait expliquer un tel excès de réprobation que par un excès d'abus. Les abus ne vinrent pas de la corporation elle-même ; ce fut le pouvoir qui les engendra. 1789 arriva ; le corps de métier avait besoin d'une réforme : une révolution l'emporta !

Nous allons expliquer à l'aide des documents de l'histoire, par quelles institutions, la corporation put fonder la commune au moyen âge, sauver la France contre l'étranger aux XIVe et XVe siècles, la ranimer au XVIIe et enfanter des merveilles au milieu d'une paix sociale rarement troublée !

CHAPITRE XII

LE CARACTÈRE SOCIAL DE LA CORPORATION
AU MOYEN-AGE

On juge ordinairement l'ancien régime, d'après les abus qui attristèrent la France au siècle dernier. Pour plusieurs, le xviiie siècle résume l'histoire française antérieure à la Révolution ; à quelques-uns, cette époque paraît la suite logique des siècles antérieurs.

Le xviiie siècle a été une époque de décadence. Ce ne sont point les œuvres de cette époque qui ont acquis à notre pays le prestige et la gloire dont nous jouissons encore malgré nos revers. La fin du règne de Louis XIV, qui commence le siècle dernier, a été marquée d'une succession de désastres creusant des abîmes de misère. Le règne de Louis XV fut à peine éclairé de quelques succès guerriers : l'administration intérieure ne fut ni habile ni prudente. Louis XVI, il est vrai, fut un roi honnête, mais l'irritation excitée dans les classes inférieures de la société par les fautes des gouvernements précédents, avait à ce point aigri l'esprit public, que l'honnêteté n'exerçait plus d'empire au moment où les représentants de la France réunis en États généraux se trouvèrent face à face avec le despotisme de la cour et les embarras du trésor public. Non, le XVIIIe siècle n'est pas le temps dans lequel se résument notre glorieuse histoire et les traditions nationales et tous les beaux souvenirs de la royauté française. C'est plus haut qu'il faut remonter, si on veut admirer l'héritage d'honneur et de grandeur que nous tenons de nos ancêtres.

Le rapide exposé que nous venons de tracer a montré l'erreur des économistes et des historiens qui bornent leur appréciation du système de la corporation, aux pratiques des corps de métiers du dernier siècle. Ceux-là ne connaissent pas la corporation, ils ignorent son histoire, ils n'ont pas vu les fondements sur lesquels elle a reposé, et les bienfaits que les patrons et les ouvriers en ont également retirés ! Peuvent-ils prétendre en effet, connaître le corps de métier, ceux qui le représentent comme imposé de force aux ouvriers, et odieux à la classe ouvrière? Le simple récit des phases successives traversées par les corporations a détruit les objections de cette nature!

Il est une autre méthode d'examen, propre à nous mieux persuader que la classe ouvrière fut toujours favorable aux idées mères et aux pratiques de la corporation. C'est l'étude du but spécial que la corporation poursuivait. Quel a été le constant désir des ouvriers? Quelles ont été leurs perpétuelles revendications? Quels ont été leurs droits?

Autant que les ouvriers de notre temps, les ouvriers du temps de la monarchie française rencontraient sur leur route mille obstacles et mille adversaires. Le premier ennemi de l'ouvrier et le plus redoutable, celui qui domine tous les autres, est le sentiment d'arrogance que les patrons affichent parfois contre lui, dans leurs actes et dans leur parole. L'ouvrier, comme tout homme, redoute moins la peine qu'il ne craint l'affront; il soutient les fatigues les plus dures, il endure les plus austères privations s'il conserve dans les efforts qui sont exigées de lui, le sentiment que sa dignité est respectée par son patron, l'espérance qu'il n'est pas un instrument dont on se débarrassera le jour où un trop long usage en aura diminué la puissance! Fait économique remarquable! ce n'est pas en général dans les établissements où les travaux sont les plus faciles, que la paix sociale, et le contentement sont le plus solidement établis; ce n'est pas là non plus que le patron multiplie ses efforts pour assurer l'avenir de ses employés. C'est dans les travaux des usines, dans les pénibles manufactures, au contraire, que l'on constate la tranquillité et la paix, et c'est là aussi que la sollicitude des maîtres a créé le plus d'institutions de prévoyance. Or, la prévoyance donnée à l'avenir de l'ouvrier, c'est le respect accordé à sa condition. Le bonheur, l'ouvrier ne le trouve point dans l'oisiveté ou dans la diminution d'un travail proportionné à ses forces; la joie est pour lui dans le développement des sentiments naturels à tout homme : le sentiment de sa dignité, le besoin de la vie de famille. Quel que soit le rang social qu'il occupe, l'homme, suivant le mot du poëte, est un dieu tombé qui se souvient des cieux. La Providence l'a condamné au travail; elle ne l'a point fait esclave; au contraire, le travail est à ses yeux une source de mérite.

Ces idées que nous exposons, dont personne parmi ceux qui vivent dans la classe ouvrière ne contestera la vérité, sont, on ne l'ignore pas, l'expression même de la doctrine chrétienne sur l'origine et le destinée de l'homme. Or, de quelle façon la corporation respectait-elle l'homme dans l'ouvrier? par quelles institutions donnait-elle satisfaction à toutes les aspirations légitimes de son âme?

De la naissance du tiers état comme puissance nationale, c'est-à-dire du xe siècle jusqu'à la fin du xive, la bourgeoisie ne fut pas une classe sociale distincte du peuple; tous les membres du corps de métier, patrons et ouvriers, étaient compris sous ce nom. L'artisan patron, l'artisan ouvrier se prévalaient également de ce titre de bourgeois, devenu plus tard le nom de noblesse des patrons enrichis.

L'artisan patron travaillait dans sa boutique à côté même de l'ouvrier, il faisait manger à sa table celui qui partageait ainsi ses travaux. Ce n'est pas à dire cependant que dans cette vie familière l'ouvrier pût se croire l'égal du patron. L'atelier était une famille où le chef remplissait les fonctions de père, où les ouvriers observaient les devoirs des enfants !

Dès le premier acte de l'apprentissage, l'idée salutaire de la famille s'introduisait dans l'esprit du jeune ouvrier et se renouvelait dans celui du patron. Nul artisan n'était admis dans un corps de métier avant d'avoir fait son apprentissage. C'était à cette école qu'il acquérait le sentiment de fierté pour sa profession et qu'il puisait le respect pour son maître. Le corps de métier fixait lui-même les conditions du contrat. Ce contrat n'était pas une simple convention qui, une fois écrite, livrait l'enfant à l'arbitraire du patron; ce n'était pas non plus une vaine formalité par laquelle l'apprenti achetait le droit d'être ouvrier, c'était un engagement réciproque qui imposait des devoirs impérieux au patron et à l'apprenti, sous l'étroite surveillance des frères du corps de métier.

La première condition requise pour devenir apprenti était une bonne vie. Ensuite, afin que la moralité de l'enfant ne pût point être mise en danger, la plupart des statuts prescrivaient que : « nul ne doit prendre apprenti se il n'est si saige et si riche qu'il puit aprendre et gouverner. » Les statuts des drapiers, contenus dans les registres d'Étienne Boileau, sont plus explicites encore sur les qualités que doit posséder un patron : « Si mestre et li diu juré ou li iij ou li iiij se ils sont à l'aprentiz prendre, ils doivent regarder si li mestres est suffisant d'avoir et de sens pour aprentiz prendre. Et se li mestre et li juré voient que li mestres qui prent aprentiz n'est bien suffisant d'avoir l'aprentiz tenir, il puent prendre bon plegerie et souffisant d'enterrimer les convenances envers les aprentiz si que lis aprentiz ne perdent temps et leur père ne perde son argent. »

Ce n'étaient pas là encore toutes les conditions tutélaires, destinées à élever l'esprit de l'ouvrier, et exigées pour l'admission d'un apprenti. Les statuts interdisaient formellement aux maîtres d'avoir plus de deux apprentis, et cela afin que le maître lui-même pût mieux les surveiller et les instruire. Si la corporation autorisait le patron à entretenir plus de deux apprentis, celui-ci ne pouvait le faire qu'en s'adjoignant un ouvrier chargé à peu près spécialement de l'instruction du troisième apprenti. Les relations de l'apprenti avec le patron étaient donc perpétuelles. Comment pouvaient-elles être funestes? Comment l'apprenti pouvait-il voir, dès le commencement de sa carrière, un exploiteur dans l'homme qui vivait avec lui et lui enseignait minutieusement son métier?

Le contrat d'apprentissage passé, le jeune ouvrier ne tombait pas à la merci du patron. Cependant, avant tout, l'apprenti était instruit de ses devoirs envers son maître : les statuts lui retiraient les droits dont ne jouissaient pas les fils de la famille; il prenait rang, autant que cela se pouvait, parmi les enfants de la maison; il n'était pas admis contre son maître devant le tribunal des prud'hommes. A son tour, le maître devait loger, nourrir et vêtir son apprenti.

Pourtant, quelquefois des maîtres durs et avares maltraitaient leurs apprentis ou refusaient de leur apprendre, suivant les clauses du contrat, les détails du métier. Aussitôt le prud'homme, et le prudhomme seul, intervenait pour faire respecter le droit! Or, qu'était-ce que le prud'homme, sinon l'apprenti, ayant été ouvrier, devenu patron, ayant mérité par une vie exemplaire de travail et de conduite l'honneur de servir d'arbitre à ses camarades. Jusque dans ce juge souverain, l'apprenti découvrait son égal et son ami. Il pouvait se dire : je serai un jour prud'homme, si, à mon tour, je suis fidèle à mes devoirs.

Les condamnations portées contre les violateurs d'un contrat étaient empreintes elles-mêmes de ce rigoureux esprit d'égalité et de justice. Le maître infidèle comparaissait devant ses pairs ; il était jugé, réprimandé par eux ; il était requis d'observer envers son apprenti le contrat intervenu. S'il ne cédait point aux invitations qui lui étaient faites, l'apprenti était dégagé de ses obligations, et les maîtres du métier lui cherchaient une nouvelle maison d'apprentissage. Dès lors, le maître était comme frappé d'interdit par l'opinion publique.

Si au contraire l'ouvrier manquait à ses devoirs, il était mandé et jugé par les mêmes jurés qui pouvaient condamner son patron. Si l'apprenti s'obstinait dans son relâchement, il était condamné à restituer à son maître, tous les frais que son instruction avait coûtés. Plus encore, certains métiers le privaient de la faculté de s'instruire en tout autre apprentissage, avant d'avoir fait réparation complète envers son premier maître.

Dans cette société du moyen âge, quel respect pour la faiblesse de l'apprenti! quelle haute idée il conçoit de lui-même, de ses patrons, de son travail? Il est le subordonné de son maître, mais il deviendra son égal : son patron devra tout faire pour l'élever jusqu'à lui. En commençant l'apprentissage, il entre dans une nouvelle famille, où il ne rencontrera pas moins de soins et de protection que dans sa famille naturelle. Il est loin d'être l'égal de son patron dans la corporation, mais son patron, à cause de sa supériorité, est astreint plus étroitement à de minutieux devoirs. D'ailleurs, il est l'égal de son maître, sous la surveillance des chefs de la corporation! L'apprenti peut-il apprendre à cette école la haine du capital et du patron? Il y puisait le respect et l'affection.

L'ouvrier, lui, est membre de la corporation. Nous insisterons sur la condition de l'ouvrier, à cette première époque de la corporation, autant que nous venons de le faire sur celle de l'apprenti. En réalité, il est difficile de déterminer quel est celui des deux, de l'apprenti ou de l'ouvrier, qui mérite le plus l'attention du législateur et la sollicitude du patron. Tous les deux sont faibles ; la vie de tous les deux est à la merci du possesseur du capital. L'un, il est vrai, parle plus haut, mais l'autre prépare le premier. Le sort de l'apprenti et de l'ouvrier dépend également de la justice, de la bienveillance du patron. Dans ces âges chrétiens, rarement de telles qualités faisaient défaut au maître. Par ses procédés envers l'apprenti, il formait un ouvrier docile et dévoué, par ses attentions envers l'ouvrier, il empêchait que celui-ci ne sentît l'humiliation d'une supériorité due souvent à des circonstances étrangères au mérite individuel. Ces obligations, ces égards, le patron ne les tirait point exclusivement de son âme chrétienne : il était encore contraint à les remplir envers son ouvrier, par les textes formels des statuts.

Tout homme, même habile dans l'art de son métier, n'avait point de ce fait le droit de devenir membre d'une corporation. Le titre d'ouvrier était une dignité. Après le temps passé à l'apprentissage, on exigeait encore du jeune homme qu'il fût, comme l'apprenti, de bonne vie. Un débauché, un voleur était impitoyablement exclu de la corporation. Le membre du corps de métier pouvait à la fois, se glorifier de connaître son métier et d'être estimé en homme honorable par ses camarades. C'étaient en effet, ses propres camarades que les statuts de la corporation chargeaient de l'examen nécessaire de sa conduite. Dans ces conditions, l'histoire ne pouvait nous apprendre que beaucoup d'ouvriers aient mené une vie indigne de la corporation !

L'ouvrier étant capable et honnête, avait-il rempli toutes les conditions exigées pour être élevé à ce titre d'ouvrier ? Non. Les patrons mettaient de bonne heure l'apprenti dans la nécessité de pratiquer cette maîtresse vertu : l'économie. Entr'autres choses requises dans ce but, tout ouvrier devait posséder un certain nombre de vêtements, afin qu'il fût toujours dans une tenue décente. Le maître se faisait un point d'honneur de n'employer que des ouvriers vêtus dignement. Qu'on veuille bien ne pas oublier que le plus souvent, à cette époque, le patron travaillait côte à côte avec ses ouvriers, et dans la boutique même où le chaland venait acheter la marchandise.

Les conditions d'entrée de l'ouvrier n'étaient pas uniformes. Aussi bien qu'aujourd'hui, l'ouvrier s'engageait aux conditions qu'il lui plaisait : soit à la journée, soit à la semaine, soit à l'année. Mais l'engagement contracté était inviolable. La sévérité des statuts sur ce point est la même dans tous les corps de métier. Le patron qui louait les services d'un ouvrier qui n'avait point épuisé son engagement dans un atelier, était frappé d'une grosse amende; dans quelques corporations, l'ouvrier qui violait sans raison son contrat, n'était plus employé par les autres patrons.

Mais, en retour, de quelles garanties, de quelle protection le travail de l'ouvrier n'était-il pas entouré? Les statuts reconnaissaient à l'ouvrier d'un pays, le droit d'être employé dans sa corporation de préférence à un étranger. Les fabricants ne pouvaient embaucher un homme venu du dehors, tant qu'il restait sur la place un ouvrier appartenant à la commune. De plus, les patrons ne pouvaient prendre un nombre d'apprentis illimités, ni se faire aider par leurs femmes, même dans les travaux qui étaient du domaine de l'ouvrier. De notre temps, que de grèves a suscitées la prétention des ouvriers à être employés de préférence aux femmes! Les passions ne sont-elles pas toujours les mêmes? A l'époque du moyen âge, le patron jouissait, comme aujourd'hui, de la faculté de louer le nombre d'ouvriers qu'il jugeait indispensable à la prospérité de son atelier, mais il n'était pas juge lui seul de cette prospérité. Chose remarquable, les statuts ne considéraient pas comme une circonstance suffisante une importante demande passagère de marchandise, qu'il fallait satisfaire par un accroissement temporaire du nombre d'ouvriers. La règle commune, règle que certes nous ne demandons point à la loi de formuler et de sanctionner, était que le patron ne devait jamais disposer d'un nombre d'ouvriers supérieur à ses besoins ordinaires. Par cette coutume et ces prescriptions, la classe ouvrière évitait les brusques changements de prix et d'ateliers, et ces temps funestes de chômage périodique, précédés d'un moment de grande activité. Voilà jusqu'où allait la protection de la faiblesse de l'ouvrier!

Le travail de l'ouvrier était encore protégé par une garantie à laquelle notre âge de liberté n'a pas même songé : l'ouvrier ne pouvait jamais être congédié sans raison. Toujours il existait un engagement verbal entre l'employeur et l'employé; l'un et l'autre savaient jusqu'à quand dureraient leurs relations. Qui le sait aujourd'hui? Si le patron avait à se plaindre de la négligence de l'ouvrier, certes il n'était pas contraint à payer un ouvrier qui lui portait dommage, mais il n'était pas le seul juge de la conduite de son ouvrier. Le patron référait la cause aux maîtres-gardes du métier. C'était à ceux-ci qu'il appartenait de statuer sur la légitimité de la plainte du maître. Dans quelques corporations, le tribunal qui jugeait sans délai, de telles causes, était composé de deux ouvriers et de quatre patrons; le jugement devait être prononcé à l'unanimité.

L'un des points les plus importants de l'histoire des classes ouvrières est l'économie de la vie de l'ouvrier. Quelle était la vie de l'ouvrier à l'époque dont nous parlons? L'ouvrier vivait-il chez son patron ou dans son propre domicile? Nous possédons peu de documents qui nous éclairent sur ce point capital. Néanmoins, on sait par les statuts de certaines corporations que peu d'ouvriers étaient logés chez leur patron. Une ordonnance datée de 1290, relative aux fourbisseurs, interdit aux patrons de loger et de nourrir les ouvriers : l'ouvrier devait se suffire à lui-même. Apprenti, il passait pour incapable de diriger ses actes et ménager ses dépenses; devenu ouvrier, l'usage et les statuts lui imposaient l'obligation de compter lui-même, et de ne point se reposer sur la bienveillance d'un autre du soin de sa vie. L'ouvrier était ainsi son propre maître, il apprenait l'économie et toutes les vertus qui découlent de cette qualité. Quoique assuré de la bonté de son patron s'il devenait un jour impotent, les difficultés incessantes du jour le forçaient à ramasser quelques provisions pour le temps de sa vieillesse.

En imposant cette dure obligation à l'ouvrier, la corporation avait un autre but; on comprend, en le connaissant, le secret de l'attachement qui unissait l'ouvrier et le maître et leur permettait d'opérer dans cette union les prodiges auxquels la France a dû sa grandeur. Le corps de métier voulait que l'ouvrier pût goûter les joies de la famille : l'isolement où il le plaçait l'entraînait à la vie du mariage. Et, tant la corporation considérait la famille comme un lien fortifiant et heureux, elle donnait certains priviléges à la femme de l'ouvrier : après un an et un jour de travail, l'ouvrier pouvait faire travailler sa femme sans qu'elle eût fait d'apprentissage, quand il appartenait à un métier où les femmes étaient admises.

Nous serions entraînés trop loin en vérité, si nous ajoutions ici l'exposé des soins et des attentions dont la famille de l'ouvrier devenait l'objet de la part de la famille de son patron.

Telle était la condition de l'ouvrier à ces âges que l'on méprise ! S'étonne-t-on maintenant de la paix sociale qui régnait alors ? Est-on surpris de l'union du capital et du travail ? Le fait historique est là : la France n'aurait jamais existé, si les liens de patronage qui rattachaient l'ouvrier au maître n'avaient réuni ces deux forces, et ne leur avaient donné la puissance de résister aussi bien aux ennemis de l'intérieur qu'aux ennemis du dehors !

Cependant le côté par lequel cette époque, mal-

gré ses imperfections matérielles, est particuliè-
ment grande dans l'histoire de la classe ouvrière, est le rôle du patron et du maître de
l'atelier. On verra mieux encore par les détails
qui suivent combien l'ouvrier devait être éloigné
de concevoir de la haine et du mépris pour le
patron.

Toutes les prescriptions des statuts, *de quelque genre qu'elles fussent*, même celles qui ne
regardaient que les procédés de commerce,
atteignaient un but, un but moral : contribuer à
relever le maître aux yeux des ouvriers. Chacun
de ses devoirs, chacune de ses obligations, le
forçait à être ou à paraître un guide éclairé et
honorable pour ses employés, un soutien pour
les gens du corps de métier, un marchand consciencieux pour le peuple. Dans les règlements
de cette époque, aucune parole ne laisse soup-
çonner la fatale maxime du laisser-faire et du
laisser-passer. Tous les mots, toutes les prescriptions défendent au patron et aux marchands
de s'arranger à leur guise, faire bien ou mal
pour s'enrichir. Jamais la richesse n'est entre-
vue comme l'unique but de la vie du maître de
l'atelier.

Le titre de maître n'était accordé qu'à l'homme qui avait été successivement apprenti et ouvrier. Si le fils du patron ne subissait point des règles aussi sévères que les autres employés, néanmoins, les règlements ne l'admettaient point au rang de maître sans exiger de sérieuses garanties. Avant de porter ce titre, tout candidat devait avoir montré ses preuves de capacité et de moralité. La plupart des statuts portaient : « quiconque veust être de tel métier estre le peut pour tant qu'il sache le métier et ait de coi. » Mais à ces exigences s'en ajoutait une autre, puissante à cette époque de foi : le maître, en prenant possession de son rang, devait jurer sur l'Évangile, et, le plus souvent, sur la relique du Saint de la confrérie, qu'il observerait les règlements du corps de métier. La vie entière, les droits de ses ouvriers étaient ainsi placés sous la garde du serment religieux.

Que de prescriptions contenaient, en outre, les statuts de la corporation, pour imposer au patron la nécessité d'être un honnête marchand, un trafiquant consciencieux. Le patron ne peut travailler la nuit les matières délicates, il doit même travailler sur le devant de sa boutique.

L'usage, subsistant encore de nos jours pour les horlogers, de travailler dans le magasin où ils débitent les marchandises, est un dernier reste de ces coutumes qui rendaient difficile au patron de tromper le public. Les autres matières de travail devaient, on le sait, avoir telle forme, telle épaisseur, etc. Ne pense-t-on point que ces sévères exigences des statuts, dont une surveillance jalouse contrôlait la pratique, donnaient à l'ouvrier une haute idée de son maître ? Le patron était juste, par contrainte si l'on veut, mais le premier fruit de cette contrainte était que l'ouvrier ne pouvait voir dans le patron un exploiteur de la crédulité publique et de la force de ses employés. Il apprenait à respecter ce possesseur du capital qui, présentement, attire contre lui toutes les passions nées de l'envie et de la pauvreté !

Le maître, il est vrai, parvenait à peu près exclusivement aux charges de la corporation, mais ce n'étaient pas là des fonctions sans lourdeur. Les rôles de dignitaires dans le corps de métier étaient à ce point un fardeau, que la plupart des statuts faisaient de leur acceptation un devoir étroit à ceux que l'élection y avait portés. *Quiconque était élu ne pouvait se dispenser d'accepter*, et l'élu devait jurer de remplir fidèlement ses devoirs nouveaux et de veiller aux intérêts communs, même aux dépens de son temps et de ses intérêts particuliers.

On aura remarqué, nous l'espérons, que nous nous sommes borné, dans ce rapide exposé de la société ouvrière au moyen âge, à montrer les relations qui faisaient régner la paix entre les patrons et les ouvriers. Nous nous sommes gardés de donner le moindre éloge à l'organisation du travail, qu'on nous permettra d'appeler extrinsèque. Cette organisation était celle d'un État à sa naissance ; les conditions économiques de notre temps ne sauraient la tolérer. On aurait aussi mal compris notre pensée, si l'on tirait de l'exposition qui précède, la conséquence que les relations des patrons et des ouvriers aux XIIe et XIIIe siècles ne laissaient place à aucun sujet d'irritation et de trouble. Non, certes. La société ouvrière de ce temps était semblable à celle d'aujourd'hui, elle avait au cœur les mêmes jalousies, et les mêmes convoitises. Cependant, l'histoire permet d'affirmer qu'à aucune époque de la vie industrielle, ces passions ne furent aussi géné-

ralement réprimées qu'au temps dont nous avons
raconté les œuvres, et que toutes les fois que le
désordre s'introduisit dans un atelier, il y entra
par une brèche faite aux règlements, aux statuts,
et aux relations de patronage que nous avons
constatées. Les lois de la corporation ne réfor-
maient pas l'humanité, mais leur joug était utile
et doux à ce point qu'elles continrent comme
nulle autre organisation ne l'a jamais fait, les
rivalités, les haines que l'envie de la richesse
excite dans le cœur de l'ouvrier.

CHAPITRE XIII

CARACTÈRE SOCIAL DES CORPORATIONS AU
XVᵉ, XVIᵉ, XVIIᵉ ET XVIIIᵉ SIÈCLES

L'état si heureux que nous venons de constater au moyen âge ne devait pas résister au temps et aux dangers de la prospérité.

Les désordres de la guerre de Cent ans vinrent achever la décadence de l'association ouvrière, commencée par l'orgueil et le luxe nés de la richesse des patrons. Une admirable organisation avait engendré la paix et la prospérité, et, contraste qui montre la vanité du monde, cette prospérité avait porté les hommes à détruire l'organisation qui lui avait donné naissance. C'est au commencement du XIVᵉ siècle, sous le règne de Philippe de Valois, qu'expire la corporation telle que nous venons de la décrire. Elle vivra encore, mais ne se proposant plus le même but. Néanmoins, les idées fondamentales de patronage subsisteront, et tant que durera le corps de métier, la paix sociale ne sera jamais profondément troublée.

Les corporations avaient formé la commune; les communes firent la France. A mesure que la noblesse s'affaiblissait sur les champs de bataille de l'Orient et de l'Occident, la bourgeoisie s'élevait. Devant cette force nouvelle, qui détruisit l'organisation féodale, Philippe-Auguste dut créer une administration publique. Les impôts qu'il leva dans ce but appauvrirent ses sujets, mais en même temps manifestèrent leur puissance. On ne saurait dire la voie qu'aurait dès lors suivie notre pays, si des maladies pestilentielles et les horribles désastres d'une longue suite de guerres n'étaient venues affaiblir les villes et les corps de métiers, ruiner la population, et contrarier les efforts du peuple en faveur de sa propre autorité, contre l'autorité absolue du roi. Le commerce et l'industrie disparurent faute de bras et d'aliments, toutes les marchandises surenchérirent à ce point que bientôt Jean le Bon crut nécessaire de détruire les barrières élevées par les corporations et de donner la liberté aux artisans. Ceux-ci ne l'avaient jamais eue ils la refusèrent. Malgré l'opinion et les ordonnances du roi, les ouvriers et les patrons ne rompirent pas des relations jusque-là fécondes. On sentait que le mal venait d'ailleurs, on devinait que le seul bien qui restât, la seule force encore debout, l'unique boulevard qui pût soutenir la nation à la fois contre l'étranger et contre les usurpations des seigneurs et de la royauté, que la seule institution, enfin, propre à ne pas ajouter la division des patrons entre eux et des ouvriers contre les patrons, était la corporation.

Les désastres de la guerre cessèrent, et la France et l'Angleterre lassées firent la paix : il fallut relever la nation. La France avait été formée grâce à l'union que la corporation avait fait naître entre les classes de la bourgeoisie : Charles VII et Louis XI la refirent grâce à la même institution. C'est en créant, par les corps de métier, de nouveaux petits centres d'activité et de fécondité, que l'un et l'autre roi parvinrent à rendre à la France sa force et son prestige. Notre pays n'est devenu une grande nation que par la puissance des petites communes !

Charles V avait supprimé la plupart des corporations. Charles VII et Louis XI les rétablirent. Mais, on le pressent, l'institution qui résulta de cette œuvre de la royauté, ne fut plus l'ancienne corporation. Le corps de métier du XIIᵉ et du XIIIᵉ siècle était le propre ouvrage des artisans ; la corporation du XVᵉ fut l'œuvre du roi. Le roi intervenait à peine dans les règlements du XIIᵉ siècle : il était assez sage pour laisser à une société intéressée au bon ordre et à la paix, la responsabilité de la tranquillité. Au XVᵉ siècle il n'en fut pas ainsi, l'état misérable du commerce et de l'industrie força la royauté à aider de ses mains au relèvement de la corporation. Cette intervention, quoique nécessaire, ne fut pas longtemps heureuse. Nous allons voir quelles modifications elle apporta aux relations des ouvriers et des patrons.

Que fut la corporation transformée par l'action de la royauté ?

La condition de l'apprenti ne change pas; le patron reste pour lui un père de famille, lui enseignant avec le métier la dignité de la vie. Pourtant une barrière s'est élevée entre eux. Les priviléges accordés au maître par la royauté, l'ont rendu fier, les profits qu'il en retire lui ont fait quitter la boutique. Le nombre d'apprentis qu'il peut employer ne cesse pas d'être limité; mais ce n'est plus lui qui leur apprend à tenir l'outil. Peu importe cependant aux bonnes relations que le maître soit plus élevé, il n'en continue pas moins son œuvre de patronage : une séparation se creuse, mais elle ajoute du prix à la bienveillance toujours subsistante du patron.

Au contraire, la situation de l'ouvrier diffère sensiblement au xv⁰ siècle de celle de l'ouvrier du xii⁰ et du xiii⁰ siècle. La corporation est toujours son domaine, mais il y occupe moins de place. Les·patrons en ont fait une sorte de royaume exclusif. Avant la guerre de Cent ans, tout ouvrier, « s'il avait de coi », pouvait devenir maître; après Louis XI, on exige des candidats le chef-d'œuvre et l'épreuve est sévère. On n'est plus admis à concourir après le temps de l'apprentissage; il faut devenir compagnon durant deux ou trois ans. De plus, les mœurs ont changé; le patron ne travaille plus côte à côte avec l'ouvrier ; il cesse d'être en rapport constant avec lui de travail et d'habitude, il se distingue enfin de son employé par quelque luxe. Les obstacles seuls qu'il lui faut franchir pour conquérir le titre dont il jouit lui assurent un prestige qu'il n'avait point. Il devient de plus en plus difficile à l'ouvrier de reconnaître, dans la personne de son maître, le premier parmi ses égaux, et devant son élévation, avant tout, à son propre mérite. La maîtrise est devenue une place forte.

Cependant les bonnes relations du patronage n'ont pas cessé, et quoique une barrière, faible il est vrai, ait été placée entre le maître et l'ouvrier, la paix sociale n'est point troublée, l'ouvrier ne murmure pas contre le patron; le seul cri que l'on entende est une parole de mécontentement contre les faveurs trop communes des maîtres de la corporation.

C'est à ce moment de l'histoire de la classe ouvrière que se produit le fait, à notre avis, le plus caractéristique et le plus fécond en enseignements pour la solution présente de la question sociale.

L'ouvrier se crée des associations particulières. A quelles causes rapporter un état si nouveau?

Aucune séparation profonde n'a été creusée entre le maître et l'ouvrier; les bons procédés du patron, les excellentes relations de bienveil-

lance ont même corrigé les effets de son élévation. Pourtant, il a suffi que le patron parût
vivre dans un monde différent de celui de l'ouvrier, il a suffi que ses habitudes devinssent différentes de celles de ses employés, qu'il semblât
que les intérêts de l'un n'étaient plus les intérêts
de l'autre, que la faveur s'introduisît d'une façon
ouverte dans le tribunal de la corporation, qu'on
établît des différences profondes entre la condition du patron et celle de l'ouvrier, pour qu'aussitôt celui-ci, n'aspirant plus aux mêmes honneurs, ne jouissant plus des mêmes droits que
son maître, organisât des associations distinctes.
L'ouvrier est toujours attaché à la corporation,
mais à côté d'elle, il a institué le compagnonnage et la franc-maçonnerie. Là, l'ouvrier
retrouvera les honneurs qui lui ont été enlevés
dans la corporation ; il y acquerra des grades, il
y remplira des fonctions qu'il n'a plus dans la
société de ses maîtres ; enfin, s'il devient la victime des prétentions de ses patrons, grâce à ses
compagnons répandus dans les autres provinces,
il pourra se soustraire à cette tyrannie.

La franc-maçonnerie et le compagnonnage
ne sont pas à l'origine une société de résistance,

et ne forment pas un camp élevé contre le camp des patrons. Ni l'une ni l'autre institution ne favorise ou n'organise les grèves. Le seul caractère d'opposition qu'on puisse démêler dans les statuts est que l'une et l'autre société se proposeront de faire respecter les règlements anciens. Un tribunal est institué dans le sein de ces associations ; il juge pour l'ouvrier les difficultés intervenues entre lui et le patron. Si l'ouvrier est reconnu innocent et que la corporation ne lui rende point justice, il est autorisé, alors seulement, à rompre les engagements qu'il a contractés avec son maître ; l'association prend la charge de lui procurer ailleurs du travail.

Si, à ces détails, nous joignons l'exposé fidèle des mœurs et des coutumes d'alors, combien ces sociétés, depuis si dégénérées, nous paraissent opposées aux associations actuelles des syndicats et de l'Internationale !

Cependant, tous les mauvais chemins ont des pentes glissantes ; l'association d'ouvriers quitta bientôt la voie qu'elle s'était tracée ; elle s'était proposé de porter secours à l'ouvrier auquel le tribunal de la corporation ne rendait pas justice ; un siècle ne s'était pas écoulé qu'elle prétendait imposer la loi aux patrons. Aussitôt qu'une séparation, bien faible on l'a vu, eût été établie entre le capital et le travail, les ouvriers et les patrons commencèrent la lutte. La France fut alors témoin des mêmes grèves, des mêmes inimitiés qui nous désolent aujourd'hui et désespèrent les économistes : « Ces compagnons, disait au xviie siècle un ancien ouvrier devenu prêtre, déshonorent grandement Dieu, profanent tous les mystères de notre religion, ruinent les maistres, vuidant leurs boutiques de serviteurs quand quelqu'un de leur cabale se plaint d'avoir reçu bravade, et se ruinent eux-mêmes par les défauts au devoir qu'ils font payer aux uns aux autres pour estre employez à boire ; outre que le compagnonnage ne leur sert de rien pour la maistrise, ils ont entre eux une juridiction, eslisent des officiers, un prevost, un lieutenant, un greffier et un sergent, ont des correspondances par les villes, et un mot du guet par lequel ils se reconnoissent et qu'ils tiennent secret, et font partout ligue offensive contre les apprentis de leur métier qui ne sont pas de leur cabale, les battent et maltraitent, et les sollicitent d'entrer en leur compagnie. »

L'accord avait existé entre le patron et l'ouvrier, tant que le patron ne s'était pas lui-même séparé de ses ouvriers, et n'avait cessé d'être envers eux un père attentif et prévoyant. Nous insistons particulièrement sur ce point ; on ne rencontre, dans l'histoire de la classe ouvrière, des associations d'ouvriers prêtes à soutenir et soutenant la lutte contre les patrons, qu'après que la corporation primitive devient exclusive, et que par la faute de l'orgueil, du luxe et des faveurs des patrons, les ouvriers ne peuvent plus arriver que difficilement à la maîtrise. Ce ne furent point les ouvriers qui se séparèrent les premiers, ce furent les patrons. Chaque fois encore que nous verrons une époque prospère dans l'histoire du travail, nous constaterons qu'elle est engendrée par une bienveillance extrême, pleine de dignité de la part des patrons ; lorsque nous assisterons à une réconciliation sincère des membres d'un atelier, c'est le patron qui aura fait le premier pas. Nous n'émettons pas ici une théorie, nous constatons un fait.

La royauté ayant adopté la pratique de créer et de protéger les corporations ne s'arrêta plus dans cette voie. Jusqu'à Colbert, elle organisa et créa, dans un intérêt fiscal, de nouvelles corporations, et leur imposa sans cesse de nouvelles charges. Henri III, dans la fameuse ordonnance de 1581, alla jusqu'à forcer toutes les villes de France à s'organiser en corps de métier ! Le dernier des Valois, en imposant cette mesure, caractérisait ainsi les avantages naturels que la nation retirait du système de la corporation : « Au préjudice desquelles (ordonnances sur le travail), dit-il dans le document de 1581, comme il n'est chose si bien et saintement ordonnée, ou coutume si vertueuse que l'avarice ne corrompe, la plupart des artisans de notre royaume, mesmes des villes, bourgs et lieux où il n'y a maîtrise instituée, ny jurez pour visiter leurs manufactures, se sont tellement émancipez que la plupart d'icelles ne sont à moitié près de la bonté et intégrité qu'elles doivent estre, au grand intérest de tous estats, lesquels sont contraincs aller ou envoyer le plus souvent à quinze ou vingt lieues de leurs demeurances et villes, où lesdits métiers sont jurez pour recouvrer les marchandises à eux nécessaires. »

Mais, pour nous résumer, durant la seconde période, que nous venons de parcourir, la paix sociale n'a point régné d'une manière parfaite. Des rivalités sont nées entre les patrons et les ouvriers, des troubles les ont suivis. Mais quelle origine ont ces luttes et ces grèves, sinon l'altération des relations du patronage que les statuts des corporations avaient établies en faveur des ouvriers ? A quelle force doit-on que la question sociale n'ait pas alors dégénéré en guerre sociale, sinon aux restes de ces relations de patronage ? Dans les conditions matérielles de la classe ouvrière, à peine quelque différence existait entre le XIe et le XIIe siècle, et le XVe, le XVIe et le XVIIIe : les conditions morales s'étaient modifiées ; seul, ce changement introduisit le trouble dans l'atelier.

Enfin Colbert parut ! et la dernière période de la corporation commence. Colbert déploya les ressources d'un homme de génie dans l'organisation industrielle de la France. Il comprit admirablement le rôle des corporations ; il discerna les principes fondamentaux de ces anciennes associations, il vit qu'à ces principes la France avait dû son existence et sa force, et découvrit les vertus secrètes par lesquelles elles avaient prospéré, et les attraits qui avaient attiré les ouvriers à elles. Colbert, en même temps qu'il créait la grande industrie, résolut le problème à l'étude duquel notre esprit est attaché depuis plus d'un siècle. Ses admirables règlements des manufactures royales contiennent (une longue et difficile expérience l'a démontré) la solution de ce qu'on est convenu d'appeler : la question ouvrière.

Colbert ne réforma pas les corporations et n'altéra pas leurs règlements ; la paix sociale fut universelle. Un prévôt des marchands de Lyon lui écrivait en 1685 : « Rien n'est si aizé que de perfectionner nos fabriques, pour peu de secours qu'on leur donne; c'est-à-dire en conservant les ouvriers dans la liberté de leur privilége et dans la rigoureuse observation de leurs règlements. » Colbert suivit le conseil du prévôt des marchands, et il fit, avec la corporation, des prodiges.

Sous l'administration du grand ministre de Louis XIV, les agents royaux, chargés de l'inspection des corporations, cessèrent d'être des complaisants intéressés des patrons. La lettre et l'esprit des statuts de la corporation, concernant l'apprentissage et les droits de l'ouvrier, furent vigoureusement appliqués et sévèrement contrôlés. Les difficultés à vaincre avant d'arriver à la maîtrise ne furent point renversées; mais elles furent tournées, grâce aux avances d'argent que l'intelligent ministre accorda aux ouvriers habiles. On ne revit plus, il est vrai, le patron travaillant côte à côte avec l'apprenti et l'ouvrier, mais les contrats passés entre le maître et les employés durent être observés dans toutes leurs exigences. Si Colbert, par ce retour aux traditions, ne renouvela point la classe ouvrière, sa mort prématurée en fut la cause; ce fut aussi la faute du luxe que les exemples de la cour du grand roi introduisirent dans les masses; ce fut encore parce que les exigences de la guerre détournèrent des travaux de la paix les hommes et l'argent.

Mais le célèbre ministre montra mieux ses grandes qualités dans l'organisation des usines et des manufactures. Avant Colbert, la grande industrie existait à peine. Le nombre des manufactures du royaume était faible. Les fabriques de soie, qui faisaient la réputation de Lyon et de Tours étaient des manufactures collectives : l'ouvrier ne travaillait pas en dehors de son habitation, et chacun portait à un bureau central l'ouvrage qu'il avait sur sa commande. A cette organisation de l'atelier le système ancien suffisait. L'atelier isolé appartenait à l'ouvrier qui ajoutait généralement au produit de son travail les récoltes d'un verger : l'ouvrier, assez rare, qui ne possédait pas de logement, s'attachait à une boutique ; enfin, l'apprentissage était surveillé ; les grands directeurs de travaux étaient en réalité plutôt des marchands que des chefs d'industrie. Mais le rassemblement, dans une seule maison, d'un nombre important d'ouvriers soumis à un patron unique, changeait en apparence les relations du maître et de l'employé. Le problème se compliquait, en se modifiant. Il fallait dans ce nouvel ordre de choses obtenir les mêmes résultats qui avaient été obtenus dans l'ancienne organisation. L'influence du patron n'était plus incessante ni directe, le maître ne paraissait plus le compagnon de l'ouvrier, mais plutôt le chef d'une armée ; les bénéfices s'agrandissaient au profit du patron, à mesure que le salaire de l'ouvrier diminuait, grâce à la diminution du prix des marchandises ; il devenait nécessaire de lutter contre ces difficultés inconnues aux prédécesseurs de Colbert.

Le grand ministre, nous l'avons dit, n'inventa rien. Il appliqua au nouveau mode de travail, dans une autre mesure, sous des formes différentes, les prescriptions des anciens statuts de la corporation. Le principe des relations paternelles et incessantes du patron envers l'apprenti et l'ouvrier devint le principe de l'usine comme il avait été celui de l'atelier. Colbert s'occupa du futur ouvrier avant son apprentissage. Il installa des écoles gratuites autour de la manufacture en faveur des enfants de l'ouvrier. En faveur de l'apprenti, il lui suffit de créer une bonne population ouvrière. Aux ouvriers malades, vieux et infirmes, il accorda des pensions prélevées sur les bénéfices énormes de la fabrique, pensions précieuses, dont la valeur répartie annuellement entre tous les membres de l'usine eût à peine apporté à leur salaire une sensible augmentation. Ensuite, il organisa un système sanitaire ; enfin, chose capitale, il fit ce qu'en France quelques industriels croient avoir découvert depuis trente ans : il construisit à l'entour de l'usine des logements spécialement affectés aux ouvriers ; il alla jusqu'à les leur donner gratuitement ! Mais son œuvre n'eût pas été parfaite, si, avec ce développement des idées fondamentales de la corporation, il n'avait inspiré aux employés élevés de ces grandes fabriques, les mœurs douces et prévoyantes des patrons du XIIIe siècle.

La manufacture de Saint-Gobain est le plus éclatant exemple du génie de Colbert. Munie des règlements que nous venons d'exposer, elle a traversé sans secousse, sans grève, sans trouble, les *révolutions de 1789 et de 1848 !*

Une autre expérience est venue donner depuis à l'organisation de la manufacture de Saint-Gobain une consécration plus haute. En France, pour ne parler que de notre pays, toutes les grandes industries où règne l'ordre, où le travail n'est pas l'antagonisme du capital, ont pratiqué et pratiquent, à l'exclusion de tout autre système, les mêmes principes que fit appliquer Colbert. Nous le verrons tout à l'heure.

Colbert mourut. Qu'est devenue son œuvre ? qu'est devenue cette paix sociale, ces relations intimes du capital et du travail, si fécondes ?

La prospérité commerciale créée par Colbert s'étant affaiblie, les impôts s'augmentant sans cesse, détruisirent en premier lieu l'industrie et ensuite les liens de bienveillance des patrons, enfin toutes ces causes élevèrent la morgue des maîtres qui purent résister à tant de coups ! Le patron devint un fier bourgeois qui pressura son ouvrier et sa clientèle pour payer les frais toujours croissants de ses priviléges ; dans ses relations de monde, il s'éloigna de plus en plus de ses employés. Mais la force du lien moral de la corporation était si puissante encore, la sécurité que trouvait l'ouvrier dans les soins donnés par le patron à l'apprenti, dans l'accomplissement des engagements contractés, était si grande, que jamais il ne fit entendre un murmure contre cette vieille institution. Il protesta en 1774, lorsque Turgot, le premier, prononça la suppression des corporations,

C'est en 1791 que le coup fatal fut porté aux corporations. Depuis bientôt un siècle, le commerce souffrait, l'industrie s'affaiblissait, les marchandises enchérissaient, mais était-ce par la faute des corporations ? Non. Les charges énormes que le gouvernement faisait peser sur les richesses publiques avaient causé ces profonds désordres. Cependant, la paix sociale, un peu altérée il est vrai, régnait encore ; le travail était resté l'ami du capital. A peine apercevaiton une légère défiance s'élever entre ces deux forces indispensablement unies. La Révolution française prétendit guérir ce mécontentement naissant et rendre au travail sa fécondité et sa puissance, en brisant toutes les barrières qui sauvegardaient les droits des ouvriers contre les patrons. Les mœurs de patronage disparaissant, la Révolution, loin de fortifier, comme cela était naturel, la situation de l'ouvrier, ajouta à ce mal la destruction complète de toutes les garanties, de toutes les forces que la corporation lui avait assurées : elle créa la triste situation que nous avons décrite plus haut.

CHAPITRE XIV

CARACTÈRE DES TEMPS PRÉSENTS COMPARÉ AU POINT DE VUE SOCIAL ET AU POINT DE VUE DE L'INDUSTRIE, A CELUI DES TEMPS QUI PRÉCÉDÈRENT 1789

L'étude que nous venons d'esquisser des corporations, des phases de leur existence et de leur caractère n'est pas complète : nous n'avons pas eu l'occasion de ressusciter le spectacle des coutumes légales et des mœurs étrangères à la corporation au milieu desquelles la corporation vivait. Cependant, comme il a fallu à tout arbre vigoureux, avec un germe fécond une terre féconde, de même l'institution des corps de métier n'aurait pu étendre sur notre pays son ombre protectrice, si sa croissance et son developpement n'avaient été favorisées par un état social fort et paisible.

L'état social qui précède 1789 se distingue par deux traits bien visibles de l'état social nouveau.

Le premier est le sentiment de respect pour tout représentant de l'autorité, qui, des hommes, monte aux institutions. Au sommet de l'état social, dans les temps prospères, le Roi est respecté d'une manière presque inviolable; plus bas, les grands occupent une place incontestée ; plus bas encore, les sommités locales sont entourées de considérations. Tout homme qui porte à son front un signe de pouvoir, tient dans l'esprit des populations le rang hiérarchique auquel il a droit.

Mais d'où sortait, comme de sa source principale, ce sentiment si puissant et si fécond. Voyait-on alors des professeurs ou des politiques distribuer des livres, créer des conférences, prêcher par toutes les voix, les droits et le devoir de l'homme? Non. Regardez les pays de France, chaque province semble se concentrer sur elle-même, chaque ville est enfermée dans ses murailles, chaque canton a ses fiertés, chaque village ses prétentions. Les Universités jettent, il est vrai, un éclat incomparable et appellent à elles la jeunesse de toutes classes ; mais le peuple n'en est point ému et ne s'agite point autour des chaires ; au-dessous des foyers lumineux de la science, l'instruction primaire et l'éducation se donnent presque sans bruit.

Mais regardez encore et prêtez l'oreille. Des professeurs ne vont pas de ville en ville, des fonctionnaires ou des « politiciens » n'excitent pas le peuple à vouloir une instruction obligatoire, et à répéter sans cesse une théorie des droits. Contraste admirable, toute maison est une école, et à tous les foyers, le père se croit le devoir d'instruire ses enfants dans la doctrine du respect. La doctrine du respect, c'est la science qu'il sait, c'est le programme qui protége la paix de sa famille, c'est l'enseignement qui donne à ses fils et à ses compatriotes la sécurité nécessaire à la prospérité de leurs affaires. Souvent il ne sait pas écrire; toujours, il apprend de l'expérience, maître qu'il ne pourrait éviter et qu'écoute son âme chrétienne, que le sentiment du respect est le fondement de toute société prospère!

On attribue généralement ces qualités à la foi qui animait nos pères. On dirait plus juste, en en rapportant directement l'origine aux coutumes que la foi faisait naître. Si le père de famille suivait d'un œil aussi attentif, comme le recommande la Bible, les pas de son fils; s'il veillait sur son éducation, le réprimant dans ses révoltes, le redressant dans ses torts, lui traçant une voie dans la vie, c'est que les lois nées des doctrines chrétiennes l'excitaient à le faire, et le soutenaient dans ses efforts. Si le père imposait à son fils le respect de l'autorité paternelle, et s'il lui communiquait ainsi un sentiment de déférence pour toute autorité légitime, c'est que la loi lui donnait les moyens d'obtenir, par des châtiments, ce qu'il n'aurait pas obtenu de l'esprit de soumission. Le fils abjurait-il les principes qui avaient fait la gloire et la prospérité de la maison de ses ancêtres, livrait-il ses forces et son temps a l'oisiveté ou à la débauche? portait-il la passion jusqu'à mépriser les corrections et les avertissements? le père, maître de sa fortune, dans sa vie et au moment de sa mort, pouvait infliger à l'enfant rebelle la privation des biens paternels. Ne soyons pas étonnés de voir dans l'ancien régime, l'autorité paternelle plus respectée et l'héritage sagement réparti le plus souvent honoré par la vertu des descendants; ne nous étonnons pas non plus de rencontrer dans les familles d'autrefois, un sentiment si profond de la dignité des ancêtres, et un respect si entier pour le nom héréditaire : le père avait entre ses mains le pouvoir d'exiger ce sentiment et ce respect : on le sait, noblesse obligeait.

Cependant la liberté de tester d'où naissait ce sentiment de respect pour l'autorité, n'est pas le seul trait qui distingue l'ancien régime du nouveau. Les conditions économiques autant que les conditions morales diffèrent dans ces deux époques : les unes autant que les autres deviennent un sujet d'objection, pour les hommes qui s'attachent à rendre à notre pays la paix sociale.

Jusqu'à l'époque de Colbert, nous l'avons dit, la France n'eut pas de véritables manufactures. Les agglomérations ouvrières, peu nombreuses, étaient formées de petits ateliers, comptant au plus généralement de quatre à six ouvriers. Au milieu de ces sphères étroites, le pouvoir du patron s'exerçait dans sa plénitude : le maître voyait de ses yeux le travail et les vertus de ses auxiliaires. Grâce à cette condition matérielle, les statuts de la corporation, quelque rigoureux qu'ils fussent, indiquaient au patron la conduite à suivre envers ses ouvriers, plutôt qu'ils ne le contraignaient à l'adopter.

Lorsque les manufactures de Saint-Gobain, des Gobelins, etc., eurent été fondées, la face de l'atelier changea; le pouvoir du patron s'étendit, par là son exercice devint plus difficile et risqua d'être impuissant ou insuffisant. Les ouvriers échappaient à la vue du maître, leurs qualités cessaient d'être autant visibles. Mais nous avons vu les mesures, par lesquelles le grand ministre de Louis XIV changea les difficultés en moyens de succès, et comment les grandes agglomérations ouvrières, qui, dirigées d'une main plus éloignée, semblaient être plus vouées à l'agitation, devinrent, au contraire, si compactes, si unies et si fidèles à leur maître, que depuis deux siècles, ni le temps ni les révolutions n'ont pu les entamer.

Néanmoins, de l'instant où les manufactures ouvrières eurent montré la puissance de l union des forces, et dès que les progrès de l'industrie eurent rendu presque nécessaires les grandes agglomérations, les industriels couvrirent la France de grands ateliers : la manufacture et l'usine se multiplièrent sur tous les points de notre territoire. Aujourd'hui, la grande industrie compte cent cinquante-cinq mille cent trois établissements ! Cette complète transformation s'est opérée sous les lois de travail, données par la Révolution française ; c'est elle qui a engendré l'état de choses matériel qui distingue la société ouvrière contemporaine de l'ancienne société.

Les conditions matérielles et les conditions morales sont donc toutes nouvelles. La France n'a plus la liberté de tester, partant elle ne possède plus la source du respect ; elle est soumise pour une grande part au régime des grandes agglomérations, par conséquent elle est livrée à un système de travail, où l'ouvrier est moins rapproché de son maître, et dans lequel, cette séparation peut ajouter ses mauvais effets, aux effets plus détestables de la doctrine de l'offre et de la demande. Notre pays serait-il donc condamné à périr ou à revenir en arrière ! Non.

En ce qui regarde la liberté de tester, ni les conditions physiques de notre pays, ni les transformations industrielles, ni aucun des progrès n'est un obstacle à sa restauration. Les pays les plus prospères de l'Europe trouvent dans cette liberté, le complément de leurs progrès matériels. Le pouvoir qu'a le père de famille de transmettre intégralement au fils le plus respectueux et le plus capable, l'atelier paternel, est la force qui soutient et agrandit sa fortune; il est pour ainsi parler le conseiller qui le porte à préparer pour ses enfants, des ouvriers fidèles et habiles. Dans notre pays, la liberté de tester ne seconderait pas seulement, comme ailleurs, la formation de puissantes fortunes et les progrès industriels; partout encore elle permettrait à l'ouvrier économe, de soustraire ses enfants à la misère qui suit le plus souvent la mort du chef de la famille. Les faits permettent d'assurer que loin de nier aucun des progrès humains, loin d'en contrarier aucun, la liberté de tester leur assurerait **un rapide développement**. Rendre au père de famille le pouvoir de disposer librement de ses biens ne serait pas revenir en arrière, ce serait marcher en avant, ce serait déblayer la route de la fortune, ce serait rouvrir à l'avenir les voies perdues de la prospérité !

Mais, l'extension des grandes usines ne viendrait-elle pas détruire toutes les espérances des hommes, qui ont foi dans la liberté de tester, et ne ruinenait-elle pas tous les efforts qu'ils tentent pour ramener la paix sociale?

Il semble résulter en effet de l'organisation des grandes manufactures, que l'ouvrier moins près de son patron, doive être plus animé contre lui qu'il ne l'est dans les petits ateliers; il semble que l'éloignement de la distance engendre l'éloignement de la confiance et l'éloignement du dévouement; il semble enfin que la paix soit moins profonde et plus rare, dans ces agglomérations fatalement gouvernées par des contre-maîtres.

La réalité ne répond pas à ces apparences.

La tranquillité règne où il était le plus difficile qu'elle régnât, les grandes manufactures goûtent autant la paix que les petites, les nombreuses agglomérations appartenant aux grandes usines jouissent d'une sécurité aussi entière que celles qui sont formées par la petite industrie. La multiplication des grandes usines a changé la face du monde industriel : elle n'a point rendu moins rare la paix sociale que donnaient à l'ancien régime ses lois et ses coutumes. En même temps, les progrès industriels se continuent, et ils ne se continuent guère d'une manière sensible qu'au milieu de ces grandes réunions d'ouvriers, travaillant dans la sécurité, sous la direction paternelle d'un maître.

La vérité sur notre état économique, la voici dans sa réalité : la petite industrie, autrefois si paisible est maintenant troublée; les petits ateliers jadis si féconds, sont autant que les grands, des foyers d'indiscipline, d'agitation et de révolte; enfin, les lois révolutionnaires dominent souverainement les ouvriers agités, les guident, les inquiètent et les tourmentent, pendant que les patrons des usines, et ceux des petits ateliers prospères, plus éclairés par l'étude et l'expérience, ont secoué le joug de la révolution et se sont placés résolûment dans les traditions qui furent la grandeur de la France avant 1789, et qui sont la force de toutes les nations florissantes !

L'organisation de la grande industrie ne contraint donc pas les hommes de bonne volonté, à retourner en arrière; elle n'est pas un obstacle aux efforts essayés en faveur du rétablissement de la paix sociale; elle ne repousse pas la liberté de tester. Les manufactures et les usines ne forment pas des armées de résistance et de désordre.

Loïn de là : les plaintes particulières qui s'é-
chappent de leur sein, c'est que l'intelligent patronage des chefs d'industrie n'est point secondé
par la législation, c'est que les maîtres ont
exactement compris leur devoir, et deviné la
cause de leur succès; tandis que la société civile
n'a point encore découvert les causes de sa faiblesse, et retrouvé les voies qui la ramèneraient
à la paix et à la grandeur.

CHAPITRE XV

CARACTÈRE DES ATELIERS CONTEMPORAINS
PROSPÈRES

Les chapitres précédents nous ont montré les maux que la Révolution française a engendrés. Mais à peine eurent-ils exercé quelque ravage, que la société ouvrière s'appliqua à y porter remède.

Quels furent les moyens mis en œuvre pour neutraliser les détestables effets des lois que la Révolution française nous a légués ; par quelle mesure, le patron et l'ouvrier essayèrent-ils de se soustraire au régime de ces lois ?

L'ouvrier, nous l'avons vu dans la première partie de ce livre, ne peut rien par lui-même : il est réduit à l'impuissance, parce qu'il jouit de toute la liberté, ou pour mieux dire, de tout l'isolement que lui ont apporté les désordres de 1789. A mesure qu'il s'obstine dans la pratique des lois révolutionnaires, et qu'il accentue la division que la Révolution a creusée entre lui et son maître, à mesure qu'il devient plus fier de l'indépendance qu'il n'avait pas dans l'ancien régime, et qu'il compte plus sur ses efforts personnels, sur la puissance de ses idées, sa faiblesse s'accroît; ses idées et ses efforts se perdent dans de funestes expériences !

Le patron est généralement, au contraire, plus puissant que l'ouvrier pour acquérir la paix. Où se trouve la cause principale de cette différence?

Le maître possède d'autant plus de puissance qu'il se soustrait plus, lui et ses ateliers, aux doctrines et aux lois révolutionnaires. Partout où la prospérité règne, la paix apporte avec elle, la haine des principes sur lesquels la Révolution a fondé la société ouvrière contemporaine.

Les faits nous le montreront tout à l'heure. Nous voulons dès a présent indiquer parmi les pratiques essentielles des ateliers prospères, celles qui sont expressément contraires aux lois révolutionnaires.

Premièrement, les grands ateliers prospères, luttent avec une implacable énergie contre les désordres moraux qui amèneraient la multiplication des filles mères, et feraient ainsi tomber les femmes qu'ils emploient, sous le coup désastreux de la loi qui interdit la recherche de la paternité.

Secondement, les grands ateliers prospères, donnent aux enfants de leurs ouvriers, une instruction saine et intelligente qui pousse les jeunes gens dans la carrière suivie par leur père ; les patrons s'écartent de l'enseignement vague et indéterminé donné par l'Etat.

Troisièmement, les grands ateliers prospères, laissent de côté les lois insuffisantes relatives à l'apprentissage : s'inspirant d'un sentiment généreux, et suivant les prescriptions de la justice et non les ordres de la loi, ils forment de vrais apprentis.

Quatrièmement, les grands ateliers prospères, oublient la législation qui ne laisse aux ouvriers pour faire triompher leurs droits communs, que les moyens de la force. Les patrons constituent eux-mêmes le conseil des ouvriers : ils veillent sur chacun de leurs droits, ce droit est à peine né, qu'il est satisfait.

Les grands ateliers neutralisent-ils les effets

de la loi révolutionnaire la plus fatale à la classe ouvrière : la loi du partage forcé ? Hélas non ! Mais leur impuissance en ce point comme leur puissance sur les autres, montre encore que c'est seulement en combattant dans la pratique, les principes de la Révolution que les ateliers s'agrandissent et que la paix sociale se fonde.

Les patrons ne peuvent rien contre la liberté de tester. Aussi, à la mort de chaque père de famille devenu propriétaire, un murmure se fait entendre autour de l'atelier. Le murmure s'élève contre la loi qui vient détruire l'œuvre laborieusement formée du père défunt ; il s'élève contre les officiers ministériels qui viennent recueillir au nom de la loi, les fruits du travail paternel ; il s'élève contre les doctrines révolutionnaires, qui ruinent ainsi la fortune conquise par l'énergie de l'ouvrier et la bienveillance du maître. Alors, le patron s'approche : lui qui devrait à ce moment suprême encourager les fils à marcher sur la trace de leur père, en montrant les biens matériels que son économie, son assiduité, sa bonne conduite leur ont procurés, il est réduit à les consoler et il leur dit : « Courage, mes bons amis ; les biens de votre père sont dévorés, dispersés, le foyer qui a connu la joie de vos premières années est détruit : ne murmurez point trop haut, si votre père du fond de sa tombe ne peut plus rien pour vous, grâce aux lois qui partagent votre héritage, vos bras, vous restent : recommençons l'œuvre ! » Les ouvriers la recommencent et leur mort la détruit encore !

Il n'y a dans ces traits rien que d'exact, nous allons en donner les preuves. Nous les empruntons à deux sources principales, aux témoignages de deux commissions instituées à cinq ans de date, sous une inspiration différente, et dirigées par des hommes d'un esprit opposé : 1° *Rapport de M. Louis Favre à la commission chargée d'examiner les conditions du travail en France*, publié en 1875 ; 2° au livre trop peu connu intitulé : Nouvel ordre de récompenses *institué en faveur des établissements et des localités qui ont développé la bonne harmonie entre les personnes coopérant aux mêmes travaux, et qui ont assuré aux ouvriers le bien-être matériel, intellectuel et moral*, publié en 1867. La plupart des exemples que nous allons citer appartiennent à la grande industrie. Qu'on nous permette de l'affirmer, les mêmes mœurs qui amènent la prospérité des grandes manufactures et des grandes usines, donnent la paix aux petites.

« La nature des rapports entre ouvriers et patrons, dit la Chambre de Commerce de Saint-Dizier (Haute-Marne), est excellente dans le département.

« En général, ajoute le rapport, chaque industriel s'occupe du bien-être de ses ouvriers et s'attache à développer chez eux, *le sentiment de l'économie* et *l'amour de la propriété*. C'est dans ce but, que, dans beaucoup d'usines, des caisses d'épargne ont été fondées et bien souvent l'ouvrier parvient à acquérir une maison, un jardin et *à se créer ainsi des ressources contre les chômages, les maladies et la vieillesse.*

« Les salaires ont augmenté de 10 à 15 pour 100 de plus que les denrées [1]. »

Dans la fabrique de rubans de coton au Ban-de-la-Roche (Vosges), de MM. Legrand et Fallot, « d'affectueux rapports se sont continués depuis cinquante ans, sans que les fortes réductions opérées sur les salaires dans les époques de

---

1. Rapport de M. Louis Favre, page 208,

crise, et notamment en 1848, en aient un seul instant troublé l'harmonie [1]. »

Or, voici l'organisation des ouvriers de cette fabrique :

« L'établissement central, placé à Fouday, dans le bas de la vallée, ne comprend guère que les bureaux et les ateliers de dévidage et de préparation des rubans où sont spécialement occupées les jeunes filles. Quant aux métiers, au nombre de six cents, ils sont répartis dans les chaumières de la montagne, d'une extrémité à l'autre de la vallée.

« On a évité ainsi toute agglomération et tout déplacement de la famille ; c'est la manufacture se développant dans des conditions prospères, sans l'usine.

« Dans cette organisation, tous les ouvriers sont cultivateurs, possèdent ou louent quelques arpents de terre, ont une ou deux vaches .laitières.

« Une assurance mutuelle des bêtes à cornes, et qui s'applique environ à 400 têtes de bétail, leur garantit la conservation de cette précieuse ressource.

1. *Nouvel ordre de récompenses*, page 119.

« Établis au foyer domestique, les métiers, instruments du reste assez compliqués, y introduisent un élément d'incessante activité. La mère de famille peut sans quitter ses jeunes enfants, y prendre temporairement la place du père, quand les travaux des champs appellent celui-ci au dehors. Les filles s'y succèdent aussitôt que l'âge leur permet ce travail.

« Il n'est pas dans la vallée un seul ouvrier nomade. La plus haute ambition de chaque jeune ménage, s'il doit s'établir dans une nouvelle habitation, est d'en acquérir la propriété. C'est vers ce but que tendent toutes ses économies, et le patron lui vient largement en aide en avançant les sommes nécessaires pour l'acquisition désirée.

« Une règle ancienne de la société de MM. Legrand et Fallot, veut que le dixième des bénéfices aille au crédit d'un compte spécial, dont le montant est affecté, suivant les besoins du moment et sous des formes diverses, au bien de leurs coopérateurs.

« C'est avec ce produit que les soins gratuits d'un médecin sont assurés aux ouvriers et à tous les membres de leur famille ; que, dans les époques difficiles, des denrées alimentaires sont acquises en gros et revendues à prix réduits ; que des écoles ont été créées et dotées.

« Huit écoles maternelles, répandues dans les hameaux, ont été dotées par cette famille du capital nécessaire à leur entretien.

« Une autre institution, également due à ses sacrifices, répand chez les jeunes filles la connaissance des travaux à l'aiguille et du chant ; une autre réunit les plus âgées d'une manière instructive et sous une influence religieuse.

« MM. Legrand et Fallot s'appliquent à combattre la fréquentation des cabarets. Ils ont obtenu à diverses reprises, la suppression de pareils établissements en achetant le matériel et en payant une indemnité pour la fermeture.

« Parmi les ouvriers du seul atelier où elles soient agglomérées, il ne s'est pas produit un seul cas de naissance illégitime [3]. »

Dans le même département des Vosges, les industriels connaissent bien la filature et fabrique de tissus à Rolhau, de MM. Steinheil, Dieterlen et Cⁱᵉ. Les rapports généraux des maî-

---

1. *Nouvel ordre de récompenses*, page 115, *passim*.

tres et des ouvriers sont ainsi définis dans le *Nouvel ordre de récompenses :*

« Il y a dans ces relations affectueuses, du côté des ouvriers, une réciprocité qui se manifeste d'une manière touchante, quand la famille du patron passe par un deuil ou par une fête.

« De même dans leurs difficultés, dans leurs maladies, ce sont MM. Steinheil et Dieterlen que les ouvriers appellent auprès d'eux, sans que la différence de situation et de rang y mette aucun obstacle.

« Sous l'empire de ces sentiments, on a vu *les mœurs de la vallée s'améliorer, le repos du dimanche entrer dans les habitudes du pays, et la concorde la plus complète s'y répandre, malgré les divergences de culte et de langage* [1]. »

Or, quelles sont les institutions qui ont établi une telle paix, et des relations aussi heureuses et aussi fécondes.

« Cours du soir tenus par les patrons, fréquentes visites à domicile, réunions familières du dimanche, sont pour eux l'occasion d'entretenir

---

1. *Nouvel ordre de récompenses,* page 127

avec les familles qu'ils occupent un échange constant de rapports affectueux.

« L'usine possède une société de secours mutuels ; une caisse de retraite ; une caisse des veuves ; une caisse de prêt ; une société de coopération pour l'achat de denrées alimentaires à bas prix ; de petits asiles pour les vieillards et les orphelins.

« Ces institutions, qui reposent en partie sur les cotisations des ouvriers, sont alimentées, pour l'autre part, au moyen d'un compte spécial crédité chaque année par le patron du dixième des bénéfices, généreux prélèvement auquel MM. Steinheil et Dieterlen ne bornent pas leurs libéralités.

« Le montant de ce compte sert encore à l'entretien de bains gratuits, à la constitution d'avances faites en vue de faciliter aux ouvriers l'acquisition ou la construction d'une habitation.

« C'est en prêts hypothécaires affectés à la même destination qu'est également employé l'actif de la caisse de secours. »

Dans la partie restée française du département du Haut-Rhin, à Beaucourt, et dans le

1. *Nouvel ordre de récompenses*, page 125, *passim.*

Doubs, à l'usine de Badevel, une fabrique d'horlogerie appartenant à MM. Japy frères et C¹⁰, fait régner au milieu des ouvriers une paix profonde.

Nul ne s'en étonnera : voici les institutions qui unissent les patrons aux ouvriers.

« Bien avant l'époque où a été préconisé le régime des associations coopératives, MM. Japy avaient installé dans leurs usines le travail à la tâche, voire même pour l'horlogerie le *travail à la maison*, avec adjonction de primes individuelles ou collectives, ce qui est le mode de rémunération le plus rationnel, le plus pratique suivant eux.

« La maison fournit à prix de revient, les outils, les comestibles, à ses ouvriers. Elle leur alloue une augmentation de 4 pour 100 sur le montant de leur salaire total. Des chiffres précis constatent la vérité de ces assertions.

« De plus, la maison a créé une Caisse de secours, qui a pour but de payer le médecin, les médicaments, les pensions aux vieillards, les secours aux veuves, etc. Pendant l'exercice 1871-72, les dépenses de cette caisse de secours se sont montées à 45,000 fr.

« La maison prend à sa charge le patronage des enfants orphelins, qu'elle met en pension chez ses ouvriers les plus recommandables.

« Elle a fondé une Salle d'asile, organisé des écoles, des cours gratuits, pour préparer les élèves d'élite, enfants de ses ouvriers, aux examens pour le volontariat d'un an.

« Enfin, depuis sa fondation, la maison s'est imposée, moralement, la règle de ne jamais renvoyer un ouvrier pour cause de chômage, et l'usine de Beaucourt vient d'être dotée d'un hôpital, par la veuve d'un des associés.

« L'instruction des enfants n'est pas négligée. Une amende frappe les parents qui n'envoient pas régulièrement les enfants à l'école.

« La question de l'habitation n'a pas été négligée : la maison a fondé une société immobilière ayant pour but de permettre à ses ouvriers de devenir propriétaires. Elle leur vend une maison et un jardin 2,000 fr., devant être amortis en onze ans.

« Pour laisser dans cet ordre d'idées toute liberté aux ouvriers, MM. Japy font, en outre, à ceux qui le désirent, des avances pour construction.

« L'obtention de la propriété, dit le rapport, est le plus sûr auxiliaire de la tempérance, et l'on ne saurait employer trop de moyens pour combattre les ravages croissants faits par l'ivrognerie parmi les populations ouvrières [1]. »

Nous avons parlé plus haut de la manufacture de Saint-Gobain, fondée par le grand ministre de Louis XIV. Il nous faut dire les institutions sur lesquelles repose un établissement si solide et d'une prospérité si durable. Le *Nouvel ordre de récompenses* déclare : « que par un privilège particulier, mais qui s'explique, la manufacture de Saint-Gobain n'a jamais eu ni grève, ni coalition à déplorer, ni émeute à réprimer, même dans les époques si troublées de 1789 et de 1848 [1]. »

Voici les institutions qui expliquent la prospérité et la paix de la manufacture de Saint-Gobain :

« La Société des glaces de Saint-Gobain a été établie, en octobre 1665, par lettres patentes du roi Louis XIV, et sur le rapport de Colbert.

---

1. Rapport de M. Louis Favre, page 212 *passim.*
1. *Nouvel ordre de récompenses*, p. 119.

« En 1858 elle se réunissait à la société des glaces de Saint-Quirin, Cirey et Monthermé, qui comptait elle-même plus d'un siècle d'existence.

« Aujourd'hui la Société possède sept usines occupant un personnel de 4,800 employés et ouvriers.

« On est promptement frappé des efforts qui ont été faits dans tous les établissements de la Compagnie pour élever le niveau intellectuel de l'ouvrier d'une part, et de l'autre, pour lui procurer une habitation convenable et assurer son bien-être pendant sa vieillesse.

« La Compagnie a multiplié les écoles ; tantôt elle en fondait, tantôt, par des subventions faites aux écoles communales, elle assurait l'instruction gratuite à ses ouvriers ; des bibliothèques sont jointes à ces écoles ; des cours d'adultes ont lieu, et dans les écoles de Chauny et de Mannheim, la Compagnie instruit gratuitement et reçoit dans ses asiles 832 enfants.

« Au point de vue de l'habitation, la Compagnie a construit plusieurs cités, aussi bien que des maisons isolées ; ici elle loge gratuitement des centaines de familles ; là elle loue à un prix très-minime.

« La Compagnie loue, en outre, à ses ouvriers des terres à des prix très-réduits, et elle se charge de les fumer et de les labourer.

« Plus généreuse encore quand il s'agit de pourvoir au sort des ouvriers qui se sont dévoués à son service et que l'âge a frappés d'incapacité, la Compagnie de Saint-Gobain a établi pour les retraites deux institutions qui fonctionnent parallèlement; elle compte 511 retraités qui ont reçu, en 1866, une somme de 134,000 fr., et elle a versé plus de 31,000 fr. de primes à la caisse des retraites au nom de ses ouvriers.

« Cette caisse est alimentée à la fois au moyen de retenues opérées sur les salaires, et au moyen de primes accordées par la Société à chaque porteur de livret comptant trois ans de service dans les établissements; la quotité des primes varie selon que l'ouvrier est marié ou célibataire, et aussi selon âge. L'assistance, en cas de maladie, un service sanitaire organisé avec un soin minutieux, la création de magasins destinés à vendre à prix réduits les denrées alimentaires, l'organisation de sociétés coopératives de consommation, plusieurs sociétés de chant et de tir, complètent cet ensemble d'institutions.

« On peut de même se rendre compte aisément de l'attachement de la population ouvrière pour les établissement de la Compagnie. C'est à juste titre qu'elle se félicite de retrouver dans les familles de ses ouvriers presque toutes celles qui existaient au moment de la fondation des établissements de Saint-Gobain [1]. »

Dans le Finistère, la société Linière de Landerneau a créé une agglomération ouvrière paisible et heureuse.

« La société Linière du Finistère distribue sur ses bénéfices 8 pour 100 aux employés et ouvriers, 2 pour 100 à la société de secours pour les ouvriers; en outre, toute femme ou enfant ayant un salaire inférieur à 0,90 c. par jour, reçoit en supplément une soupe et une ration de viande [2].

Dans le département du Cher « en général, les rapports entre patrons et ouvriers, sont faciles. « Le rapporteur ajoute : » Il est rare que des différends s'élèvent entre eux. »

» Dans l'usine de Rosières, outre les soins

_____

1. *Nouvel ordre de récompenses*, page 120, *passim*.
2. Rapport de M. Louis Favre, p. 227.

médicaux et les médicaments que les ouvriers reçoivent en cas de maladie, le propriétaire livre les objets nécessaires à la la vie, à prix coûtant. Il a fondé une caisse d'épargne, des écoles de garçons, de filles, d'adultes, une salle d'asile.

« Dans les porcelaineries de Foecy, de Mehun, dans la verrerie de Vierzon, des institutions de même ordre, quoique moins complètes, ont été fondées.

« Dans le Cher, comme dans les autres départements, je constate que la grande industrie donne les bons exemples, s'efforce de faire les meilleurs sacrifices pour améliorer la condition des ouvriers [1].

« Dans le Loiret, la condition des ouvriers est satisfaisante ; la plupart, dans les fabriques de couvertures, par exemple, travaillent aux pièces. Ils sont rangés, laborieux, économes, et arrivent généralement à bien établir leurs enfants et à se faire une petite réserve.

« Le personnel varie peu ; un certain nombre d'ouvriers sont depuis vingt ans attachés à la même usine ou manufacture.

---

1. Rapport de M. Louis Favre, p. 228.

« Les rapports entre ouvriers et patrons sont bons. Le patron, dit le rapport, est journellement en contact avec les ouvriers.

« Dans la fabrique de M. Revil et C⁰, à Armily près Montargis, il y a une caisse de secours, une pharmacie, une sœur pour soigner les malades, une salle d'asile pour les enfants jusqu'à l'âge de sept ans ; ils vont ensuite à l'école communale aux frais du patron.

« Dans l'usine de caoutchouc de M. Hutchinson, à Langlée, près Montargis, l'organisation n'est pas moins satisfaisante, et les résultats sont merveilleux. En 1853, date de la fondation de cette usine, le paupérisme était grand dans les communes d'où elle tire ses ouvriers ; aujourd'hui il est presque nul, et beaucoup d'ouvriers ont bâti et acheté des maisons, acquis des lots de terre[1]. »

Dans l'Indre :

« Ce département possède des industries fort importantes : forges, hauts-fourneaux, fonderies, fabriques de brosses, manufactures de draps, etc.

____

1. Rapport de M. Louis Favre, page 229.

« Deux conditions très-favorables tendent à maintenir les travailleurs dans une bonne situation. Le chômage n'existe pas, grâce aux sacrifices que s'imposent les patrons. Les ouvriers sont stables dans le pays. De là résulte leur attachement au sol vers lequel se portent leurs économies.

« Les ouvriers sont en excellents rapports avec les patrons, et ceux-ci font les plus hono-rables efforts pour perpétuer cette bonne situation en se préoccupant de l'état moral et matériel de leurs ouvriers [1]. »

Dans le département de l'Indre et Loire, MM. Mame, imprimeurs, font régner dans le sein de leur vaste établissement, une paix telle, que les bouleversements de 1848 n'ont pu l'altérer.

« Il est difficile, en visitant les établissements de MM. Mame, de n'être pas vivement impressionné de la sollicitude toute particulière dont la santé et le bien-être de l'ouvrier dans l'atelier y sont l'objet. En parcourant ces vastes ateliers, bien aérés, d'une propreté si grande qu'ils sont

---

1. Rapport de M. Louis Favre, page 231, *passim*.

presque élégants, entourés de jardins au dehors, on ne se souvient plus que cet établissement est emprisonné dans une ville. Tout a été ménagé avec un soin minutieux dans les salles, dans les escaliers, dans les cours pour éviter à la fois tous les inconvénients, assurer la salubrité et la propreté, et rendre la surveillance efficace.

« La maison Mame est obligée, par la nature même de son industrie, d'employer un grand nombre de femmes, de jeunes filles ; d'un autre côté, le séjour de la ville abonde en occasions de désordre. Tout a été mis en œuvre pour remédier à ces conditions défavorables ; une surveillance vigilante, le bon choix des contre-maîtres, les prédications de l'exemple, l'influence de l'esprit religieux, les conseils, la sévérité de la répression.

« Les résultats ont répondu à tant d'efforts ; car, sur 530 ouvrières employées dans l'établissement, il s'en rencontre une ou deux tout au plus dont la conduite, dans le cours d'une année, laisse à désirer, et qui provoque quelques mesures disciplinaires : trait digne de remarque et qui prouve que les femmes peuvent être employées dans les usines sans courir toujours les dangers que l'on déplore. Du reste, en ce qui concerne l'ouvrière mère de famille, MM. Mame se sont toujours efforcés de la retenir autant que possible au foyer domestique, bien persuadés que tel est le moyen le plus important de moralisation auquel on puisse avoir recours. Les travaux de pliage, de couture des livres sont réservés aux femmes mariées et donnés à domicile.

« Le chômage est chose inconnue dans la maison Mame. Dans les époques les plus difficiles le travail n'a point été suspendu ni ralenti par elle ; les salaires sont restés les mêmes. Mais il faut savoir aux prix de quels sacrifices MM. Mame ont obtenu quelquefois ce résultat.

« La crise de 1848 surprit MM. Mame au milieu de grands travaux de transformation et d'agrandissement ; elle leur suscita des embarras qui semblaient ne pouvoir être surmontés que par la fermeture immédiate de leurs ateliers. Aucun expédient ne paraissait de nature à conjurer cette triste éventualité. MM. Mame en trouvèrent un. Ils possédaient, à peu de distance de Tours, dans une des plus charmantes situations du pays, une belle et vaste propriété, bien de famille auquel ils étaient profondément attachés. MM. Mame vendirent leur terre au prix où on la vendait alors, et leurs ateliers ne connurent pas le chômage.

« Si l'on ajoute à l'absence complète de chômage les institutions créées par MM. Mame directement ou encouragés par eux, institutions qui ont pour objet de supprimer, non-seulement pour l'ouvrier lui-même, mais pour toute sa famille, les frais de maladie, ou qui lui assurent une pension pour ses vieux jours, pension atteignant jusqu'à 600 francs, en certains cas ; si l'on tient compte des subventions de secours de toute sorte qui lui sont donnés pour pourvoir à des besoins accidentels, on trouvera toute naturelle l'explication des rapports qui unissent à MM. Mame la population de leur usine [1]. »

Dans la Haute-Vienne, les forges de Larivière, près Limoges, attirent l'attention par la paix et la prospérité des ouvriers:

« Tous les moyens de nature à vulgariser l'instruction, à remédier à la situation de l'ou-

---

1. *Nouvel ordre de récompenses*, page 62, *passim*.

vrier atteint de maladie, à assurer le sort de sa veuve et de ses enfants, en cas de décès, se trouvent réalisés dans l'usine de Larivière.

« Ses chefs n'ont jamais reculé devant les sacrifices pour assurer le maintien du travail dans leur manufacture, même dans les temps les plus difficiles, et ils se sont vivement préoccupés, d'un autre côté, d'exciter l'ouvrier à l'épargne.

« Une bonne organisation du travail rend plus facile la réalisation d'économies de quelque importance.

« La plupart des ouvriers qui appartiennent à la localité sont d'ailleurs propriétaires de terres. et ils joignent ainsi au travail agricole le travail industriel, qui constitue pour eux une nouvelle source de revenus.

« Au point de vue moral, MM. Bouillon ont également atteint des résultats précieux. Nous en fournissions à l'instant un frappant exemple,

« Les mères de famille, comme les jeunes filles, ne sont point employées à l'usine, restent au foyer domestique et se signalent par les mœurs les plus recommandables [1]. »

1. *Nouvel ordre de récompenses,* page 106.

Dans l'Allier :

« Les rapports entre patrons et ouvriers sont généralement bons. »

Toutes les grandes industries du département, ajoute le rapport, ont fondé de nombreuses institutions pour améliorer la condition physique et morale de leurs ouvriers [1].

Dans l'Allier et la Côte-d'Or, les forges de Châtillon et de Commentry offrent l'exemple d'ateliers prospères et paisibles :

« La compagnie des forges de Châtillon et Commentry assure l'instruction des enfants de ses ouvriers ; elle a pour les malades un service médical largement organisé, auquel vient s'ajouter la coopération des sœurs de charité.

« Elle donne gratuitement, à prix réduits, logements et jardins, facilite l'acquisition de maisons et terrains ; elle a fondé une caisse de secours exclusivement subventionnée par la compagnie.

« La compagnie Boigues-Rambourg qui possède l'importante mine de Commentry, a fondé une caisse de secours ; elle sert des pensions aux

1. Rapport de M. Louis Favre, p. 234.

veuves, pères et mères des ouvriers morts par suite de blessures contractées dans les chantiers. Elle fournit gratuitement les soins médicaux et les médicaments, elle a créé des écoles de garçons et de filles, une salle d'asile et fondé un hôpital.

« La compagnie de Châtillon et Commentry a fondé de plus, deux sociétés coopératives de consommation qui fournissent aux ouvriers aliments et vêtements et leur servent même un dividende annuel [1]. »

Dans l'Isère, le rapport du Préfet à la commission chargée d'examiner les conditions du travail en France, cite parmi les manufactures prospères et paisibles :

« MM. Durand frères, de Vizille, qui occupent 1,000 ouvriers : filature et tissage de soie. Ces Messieurs ont bâti des cités ouvrières, installé des dortoirs pour les ouvriers non mariés; des magasins de comestibles, de vêtements, cédés à prix coûtant; une infirmerie pour les malades, une caisse de retraite, une caisse pour favoriser les mariages; chapelle, aumônerie, école de filles.

1. Rapport de M. Louis Favre, p. 235, *passim*.

« MM. Breton frères, au Pont-de-Clair, qui occupent 400 ouvriers dans leur papeterie, cèdent à leurs ouvriers des logements gratuits avec jardin. Fours, lavoirs, buanderies, bains, sont à leur disposition. Les ouvrières non mariées, ont des dortoirs placés sous la surveillance de sœurs de la Providence. Écoles, classes du soir, salles d'asile, sont disposées pour les adultes et les enfants. La fabrique a fondé de plus une caisse d'épargne, une caisse d'avances gratuites, une caisse de secours et des primes pour les anciens ouvriers.

« MM. Blanchet et Kléber, dans leur papeterie de Rives, Samuel Debar, filateurs à la Grive, ont fondé des institutions analogues [1]. »

Dans les Hautes-Alpes, la manufacture de peignages de bourre de soie, de MM. Chancel, est paisible et prospère, et ne laisse voir aucun indice de haine sociale.

« Cette situation n'a rien qui étonne, quand on connaît les institutions établies par les frères Chancel pour venir en aide à leurs ouvriers, mais, mise en regard de la prospérité croissante

---

1. Rapport de M. Louis Favre, page 238.

de la manufacture, elle tendrait à prouver que les sacrifices faits en faveurs des travailleurs peuvent être souvent la cause du succès d'une industrie.

« Voici l'énumération des institutions créées par les frères Chancel dans leur manufacture :

« Installation d'une école ; médecine et pharmacie gratuites ; distribution gratuite et quotidienne de vin et de café ; dons de vêtements chauds aux garçons et aux filles ; concession à prix coûtant de vêtements aux hommes et aux femmes ; caisse de secours entretenue par les patrons pour les ouvriers nécsssiteux. Les infractions aux règlements sont punies d'amendes, mais le produit sert à alimenter la caisse de secours. La plupart des ouvriers possèdent quelques parcelles de terre qu'ils cultivent eux-mêmes, et dont le produit augmente le bien-être de leur famille [1]. »

Dans le département de l'Ardèche :

« Nous signalerons sur une des industries de ce département, celle de la papeterie, un très-remarquable rapport, adressé à la Commission par l'un des directeurs de la fabrique Canson et Montgolfier.

[1] Rapport de M. Louis Favre, page 242.

« Ces messieurs ont cherché à réaliser sous toutes les formes, l'amélioration de la condition de leurs ouvriers. Le patronat est compris, pratiqué dans leurs usines, dans la plus haute acception du mot, et nous sommes heureux de le dire, ils ont été récompensés de leurs efforts par les bons rapports qui ont constamment existé entre eux et leurs ouvriers [1]. »

Dans la Haute Loire, « la manufacture de rubans de M. Sarda, donne l'exemple d'un atelier paisible et prospère. »

« Il est facile de constater que cet établissement est un modèle de parfaite installation hygiénique. Les bâtiments, disséminés sur les deux rives de la Sémene, offrent un aménagement des plus heureux : de vastes salles, où l'air et la lumière circulent librement, sont si proprement tenues qu'elles en paraissent élégantes.

« M. Sarda considéra comme la première et la meilleure des réformes la restauration de la vie de famille à l'ombre de la manufacture, et il travailla à l'accomplir en ramenant l'épouse et la mère de famille au foyer domestique. C'est

---

1. Rapport de M. Louis Favre, page 246.

dans cette intention qu'il fit construire des logements destinés à recevoir les familles de ses ouvriers.

« Bien organisées, de physionomie riante, ayant toutes leur jardin, ces habitations sont louées d'une façon permanente et au prix le plus modique.

« La femme mariée n'est point enlevée au foyer domestique. L'ouvrage ne lui manque jamais, et, après s'être acquittée des travaux du ménage, elle peut même gagner de bonnes journées. Elle contribue ainsi aux charges communes ; sa santé, sa moralité, son bonheur domestique ne sont pas menacés.

« Quant aux jeunes filles, elles sont employées dans des conditions qui écartent d'elles toutes les occasions de désordre. Chaque sexe a son quartier ; les ateliers du moulinage, du dévidage, de l'ourdissage sont isolés des salles où travaillent les hommes.

« Les plus jeunes parmi les ouvrières ont généralement 16 ans ; elles sont placées sous la surveillance de maîtresses ourdisseuses d'une moralité éprouvée. Une jeune fille qui s'écarterait du droit chemin, serait montrée au doigt et obligée de quitter l'établissement. Ces jeunes filles trouvent à se marier, soit pendant leur séjour à la manufacture, soit quand elles en sortent.

« L'ouvrier des Mazeaux est généralement instruit. M. Sarda veille avec un soin scrupuleux aux progrès de l'instruction et de l'éducation religieuse ; écoles et chapelle ont été fondées dans l'usine. Les institutions habituelles, qui ont pour but de remédier à l'imprévoyance et au dénûment de l'ouvrier, n'ont pas été oubliées non plus dans cette organisation ; mais il semble, et on doit constatér ce fait avec joie, qu'elles sont ici moins nécessaires qu'ailleurs et que l'on y a rarement recours. L'ordre, le travail, les habitudes de simplicité des jeunes ouvrières, la bonne organisation de la famille mettent les ouvriers des Mazeaux à l'abri de la plupart des éventualités qui menacent le foyer[1].

Une grande enquête parlementaire eut lieu en 1870 : elle a fait également ressortir les divers traits que nous venons de signaler, dans chacune des manufactures prospères. Parmi les déposi-

______

1. *Nouvel ordre de récompenses*, page 123 *passim*.

tions qui furent faites alors, nous citerons entre mille, le témoignage de M. André, directeur des forges de Couzances (Meuse).

La neuvième question était ainsi posée :

« Existe-t-il dans l'industrie étrangère des institutions de prévoyance analogues à celles qui ont été établies en France dans l'intérêt des ouvriers ? »

Voici quelle fut la réponse de M. André :

« La réponse que j'aurais à faire à cette question étant de tout point identique à celle déjà faite par mon confrère de l'industrie des *forges-laminoirs* (M. Simon, du Clos-Mortier, écart de Saint-Dizier, qui avait surtout préconise le système des caisses d'épargne à l'usine même), je ne puis que confirmer l'exactitude de tout ce qu'il a dit à ce sujet. J'insisterai cependant d'une manière toute particulière sur ce fait, que dans notre industrie de Champagne, les patrons croiraient véritablement manquer à leur devoir en ne conservant pas dans leurs usines, et pour ainsi dire jusqu'à leur dernier jour, en leur assignant *un semblant d'emploi*, lorsque leurs forces ne leur permettent plus un travail actif, ceux de leurs ouvriers dont l'existence ne serait pas assurée. A l'appui de ce que j'avance, je citerai quelques faits particuliers aux usines que j'exploite depuis 1850 seulement, mais dont la fondation remonte à plusieurs siècles. En 1850, j'ai trouvé, comme faisant encore partie du personnel de l'usine, un ouvrier qui y était entré en 1782 et qui y avait travaillé depuis cette époque, *sans interruption.* (J'ai encore en 1875 le fils de cet ouvrier; il est âgé de 75 ans.) Un autre y travaillait également depuis 1802. Le premier est mort en 1851, le second en 1854. J'occupe encore aujourd'hui (1871) une certaine quantité d'ouvriers, dont voici les dates d'entrée : 1805 — 1814 — 1828 — 1830 — 1832 — 1834 — 1835. Tous mes confrères pourraient certainement citer à la haute commission des faits analogues concernant leurs usines. »

Le directeur qui donnait comme le caractère principal de la prospérité de l'usine, la permanence des engagements entre patrons et ouvriers, a encore développé sa pensée :

« Nous avons, dans une manufacture des environs de Saint-Dizier, pour les jeunes enfants un asile, et pour les jeunes filles un ouvroir, avec patronage dirigé par des sœurs. Nous ne possédons pas encore d'école spéciale à l'usine ; nos enfants, en attendant cette création, fréquentent les écoles du faubourg, qui ont l'inconvénient d'être trop éloignées, mais qui d'ailleurs sont fort bien tenues, par les frères pour les garçons, et par des religieuses pour les filles.

« Un économat fonctionne sous la haute surveillance de deux religieuses. Il fournit aux ouvriers, à prix de revient, tout ce qui est nécessaire à un ménage : pain, viande, épicerie, mercerie, vêtements, chaussures, etc., de plus, les médicaments usuels.

« A ce magasin est joint un fourneau économique où employés et ouvriers, principalement ceux qui sont garçons, trouvent à faire leurs repas à très-bon compte.

« Il y a trois salles à manger ; l'une pour les employés, la seconde pour les ouvriers qui sont au travail, la troisième pour ceux qui prennent leurs repas et sont hors des ateliers.

« Nous avons en outre un dispensaire où les ouvriers, ainsi que les membres de leur famille, viennent trouver le médecin à des heures déterminées, et à toute heure la sœur préposée aux soins des malades. Les remèdes sont donnés gratuitement à tous ceux qui sont dans la gêne. Il faut reconnaître que c'est l'exception, et qu'il n'y a en général dans les forges que fort peu de ménages réellement pauvres. La preuve, c'est que l'usine envoie plus d'enfants aux écoles payantes qu'aux écoles gratuites.

« Parmi ceux que visite la misère, on trouve toujours ou un père adonné à la boisson, ou une mère manquant absolument d'ordre; on s'étonne alors du degré d'imprévoyance où tombent ces pauvres gens. Sans doute ils seraient fort à plaindre s'ils avaient un trop vif souci du lendemain; il est cependant déplorable de les voir engloutir en un seul repas l'argent qui suffirait à les nourrir une semaine ou à reconstituer le mobilier et ramener un peu de confortable dans le ménage.

« C'est pour tâcher de remédier un peu à cette fatale insouciance et aux entraînements du cabaret que nous avons été amenés à donner aux ouvriers qui ne connaissent pas l'épargne, des à-compte quotidiens sur leur salaire. Ces à-compte leur sont délivrés non pas en argent, qui irait trop souvent chez le marchand de vin, mais en jetons qui constituent une monnaie particulière, avec laquelle l'ouvrier se procure à l'économat et au fourneau tout ce dont il a besoin.

« Dès que l'organisation de ce fourneau économique sera plus complète, nous en attendons un grand bien par la suppression d'une coutume pernicieuse, celle d'admettre des pensionnaires dans les ménages ouvriers. Nous nous proposons, en effet, d'établir à côté du fourneau, pour les ouvriers sans famille, des dortoirs dont le service sera fait et surveillé par des gens sûrs.

« Ces diverses institutions mettent en rapport continuel nos sœurs avec les ouvriers, leurs femmes et leurs enfants, et nous espérons qu'avec la grâce de Dieu, les exemples, les conseils et les exhortations de ces religieuses si dévouées contribueront à ramener la foi dans les âmes, et avec la foi l'ordre dans les familles et l'harmonie dans les relations sociales.

« L'ouvrier de forges, en Champagne, est vraiment meilleur que dans la plupart des autres centres industriels. Comme je l'ai déjà dit, *pas une seule grève* ne s'est encore produite dans notre pays, et cela tient évidemment, d'une part aux efforts que font les patrons pour maintenir leurs ouvriers dans une situation morale et matérielle *relativement* aussi bonne que possible, de l'autre à l'esprit même des ouvriers[1]. »

Nous pourrions encore citer parmi les ateliers de la petite et de la grande industrie, la compagnie des forges d'Audincourt, dans le Doubs, les mines de houille de Blanzy, le domaine de Lezardeau, dans le Finistère, la fabrique de bonneterie de Villebrun, dans Seine-et-Oise, l'imprimerie de Paul Dupont, à Paris, la filature de Cercamp, dans le Pas-de-Calais, l'usine de Langles, dans le Loiret, la papeterie de Blacon, dans la Drôme, la fabrique de drap, à Villeneuvette, dans l'Hérault, la fabrique de chaussures de Savart, à Paris, etc., etc.

Nous pourrions multiplier ces heureux exemples : tous les ateliers prospères nous offriraient le même spectacle en face du spectacle absolument identique, que nous offrent tous les ateliers livrés aux doctrines de la Révolution !

1. *Association catholique,* revue des questions ouvrières page 80 *passim,* numéro de janvier 1876.

CHAPITRE XVI

LES RÉFORMES

Les réalités de la question sociale apparaissent maintenant à nos yeux, dans leur évidence.

Dans la première partie de ce livre, nous avons examiné toutes les associations, répandues aujourd'hui avec une sorte d'engouement dans la classe ouvrière ; nous en avons décrit les formes, nous en avons suivi les expériences. Les faits seuls nous ont répondu : tous ces essais tentés souvent par des âmes généreuses et des ouvriers courageux, sont de vaines utopies ; les forces dépensées à leur service, produisent des fruits stériles ou augmentent les déceptions et les amertumes de la classe ouvrière : les associations ouvrières ne possèdent pas la vertu de guérir nos maux et de calmer nos ressentiments. L'expérience prouve d'une manière évidente que les remèdes aux lois et aux doctrines léguées et consacrées par la Révolution, ne sont pas dans les formes de sociétés qui adoptent l'esprit de ces lois fatales. L'ouvrier qui se croit assez puissant, à lui seul, ou aidé du concours de ses camarades, pour s'arracher à la tyrannie des lois sur la recherche de la paternité, sur l'apprentissage, sur les droits professionnels, sur le partage forcé, cet ouvrier-là poursuit une vaine chimère.

Dans la seconde partie de ce travail, nous avons examiné l'association naturelle du patron et de l'ouvrier, aussi ancienne que le monde; nous avons pénétré dans les ateliers prospères, nous en avons montré les traits principaux. L'expérience, et l'expérience seule nous a fait voir les constitutions de toute société féconde et leur identité parfaite.

Dans l'ancien régime, nous avons vu la prospérité, naissant au sein des corporations, de l'union du patron avec l'ouvrier, de l'esprit de justice du maître, de sa bienveillance pour l'ouvrier, de sa bonté pour sa famille, du soin qu'il apportait à rendre les apprentis dignes de leur métier, enfin, de la permanence des engagements qui liaient aussi bien l'ouvrier au patron que le patron à l'ouvrier !

Dans le régime nouveau, nous avons reconnu deux sociétés : celle qui subit l'empire des lois de la Révolution, et celle qui les rejette pour chercher sa règle de conduite, dans les sentiments de justice et de générosité. La dernière seule nous offre le spectacle d'ateliers prospères !

Mais, dans cet atelier paisible et fécond comme dans la société française entière, nous avons reconnu deux genres d'influence ou de règlement.

Le premier regarde les devoirs moraux du patronage ; il ne participe en rien du caractère légal, et le maître peut à son gré s'y soustraire ou s'y soumettre. Ceux qui s'y soumettent, amènent par leur soumission la paix au milieu de la famille ouvrière. Ceux-là, de la grande ou de la petite industrie, voient dans l'ouvrier, un auxiliaire, à la prospérité duquel ils doivent travailler comme il travaille lui-même à la leur. Ni les faiblesses de la maladie, ni l'épuisement de la vieillesse ne sont jamais pour ces maîtres, un motif de ne plus le compter au nombre de leurs employés. Au contraire, dès le début de l'entreprise, les patrons lui préparent par d'habiles institutions, par des subventions personnelles, par des exhortations à l'économie et quelquefois par l'achat d'un foyer, la possibilité de demeurer toujours autour de l'usine : le jour où les bras de l'ouvrier seront impuissants, ils l'amènent ainsi par leurs bienfaits, à former à la vertu les fils qui lui succèdent à l'atelier.

Nulle loi humaine ne peut contraindre le patron à ces pratiques. Dieu seul les a imposées à ceux que l'expérience n'aurait pas convaincus, lorsqu'il a déclaré qu'après le commandement qui ordonne d'aimer Dieu, le plus grand est d'aimer son prochain comme soi-même.

Ces libres pratiques, éléments indispensables de la paix sociale, constituent l'un des traits essentiels de tous les ateliers prospères, et se réduisent à quelques points principaux. Un maître illustre dans les questions sociales, M. Le Play, les a définies avec une admirable sagacité :

1° La permanence des engagements réciproques du patron et de l'ouvrier, en laquelle peuvent se résumer les autres conditions;

2° Entente complète touchant la fixation du salaire;

4° Dans les ateliers soumis au chômage : alliance des travaux de l'atelier et des industries domestiques rurales ou manufacturières ;

5° Union indissoluble entre la famille et son foyer ;

6° Respect et protection accordée à la femme[1].

Telles sont les « réalités » correspondantes au premier genre de règlement, nécessaire à la paix d'un atelier. Elles sont toutes appliquées dans les ateliers prospères ; nulle loi ne les impose, et nulle loi ne peut s'opposer à leurs pratiques. Le régime de prétendue liberté de la révolution en a supprimé quelques conséquences heureuses : elle n'en a point empêché l'application. En suivant ces pratiques, les ouvriers ou les patrons n'ont point été contraints de chercher dans un mode d'association inconnu, la solution des problèmes sociaux ; ils sont demeurés fidèles à la forme d'association la plus naturelle : l'association du capital et du travail, ancienne comme le monde, et répandue dans tous les lieux où les hommes tentent des entreprises. La paix sociale subsiste dans les maisons qui,

1. *L'organisation du travail*, par M. Le Play, page 138.

pratiquant les lois chrétiennes, continuent ainsi les traditions de tous les peuples heureux [1].

Mais il est un autre genre d'influence dont nous avons senti l'empire aussi bien dans l'ancien régime que dans le nouveau. L'ancien nous en a montré les heureux fruits ; le nouveau nous en a fait voir les mauvais : nous voulons parler de l'influence des lois.

On a dit quelquefois que les lois étaient l'expression des mœurs publiques ; cette assertion n'est pas toujours exacte. Souvent les lois sont inopinément imposées à un peuple. Cependant quelle que soit leur origine, viennent-elles à durer, elles impriment leur propre caractère à ceux qui les observent.

Les lois révolutionnaires devinrent tout à coup la règle de nos pères. L'histoire nous a transmis l'étonnement de la plupart des provinces de la France à la nouvelle que leurs anciennes coutumes étaient détruites. La nation avait demandé la suppression des abus et l'amélioration du gouvernement ; on lui imposa la

---

1. A vrai dire les six pratiques essentielles ne sont que l'application du Décalogue et de l'Évangile à la direction des ateliers de travail. (*Organisation du travail.*)

suppression des institutions qui avaient fait sa force et sa gloire.

La nouvelle législation, si contraire à la volonté populaire, fut mise en œuvre : elle produisit aussitôt de détestables effets. A peine toutes les garanties étaient-elles retirées au pauvre, par l'abolition de la loi sur la recherche de la paternité, par la destruction des droits de l'apprenti, des moyens de défense de l'ouvrier et par l'établissement de la loi du partage forcé, que les réformateurs parurent de tous côtés. Le communisme de Babœuf en enfanta des multitudes. Alors l'empire vint. Si les populations laborieuses ne jetèrent pas, durant ces temps tristes et glorieux, des cris de misère, c'est que le sanglant tumulte des champs de bataille les étouffa. Mais, avec les années paisibles de la Restauration, se montrèrent les désordres et les malheurs introduits dans les classes ouvrières par les lois révolutionnaires. Saint-Simon parut, suivi du père Enfantin. L'influence détestable des lois augmenta. Cabet apparut, puis Fourier, puis Louis Blanc, puis, terrible réformateur, le peuple entier se leva dans les journées de juin. Mille expériences furent tentées pour soustraire les ouvriers aux tyrannies des lois de la grande Révolution. Hélas ! on cherchait le remède contre elles, dans une application plus étroite, plus profonde de leur principe.

Le second empire se leva à son tour : il promit de rendre la paix à l'ouvrier, en lui rendant ses droits et ses garanties. Dans l'ordre légal, il lui donna une loi, la loi des coalitions, qui permettait non de faire triompher ses droits, mais de manifester son mécontentement et sa haine. Les populations ouvrières furent encore trompées dans leurs espérances : les lois révolutionnaires subsistaient. Quand le siége de Paris et la Commune eurent enflammé les esprits, une haine immense, une haine socialiste étonna le monde par la violence de sa fureur. Sommes-nous plus paisibles aujourd'hui ? Non. Les ouvriers sont plus domptés par la misère que par la force. Les lois révolutionnaires subsistent. Viennent de nouveaux temps de prospérité; que la domination d'un pouvoir absolu rende au peuple, avec les bénéfices que l'empire lui accorda, l'imprévoyance, l'exaltation, la fièvre des réformes, alors, nous l'affirmons, l'œil de personne ne pourra atteindre la limite des malheurs et des désastres.

Les lois, ah! elles ont exercé sur notre pays une détestable influence : elles ont créé les réformateurs et les maux qu'ils enfantent. Quel obstacle a donc arrêté les gouvernements honnêtes de les modifier, de les détruire ?

On a prétendu que la loi qui abandonnait à leur misère les enfants naturels, respectait la liberté humaine, on a affirmé que les lois sur l'apprentissage et sur les droits des ouvriers assuraient la liberté humaine par la pratique de la loi de l'offre et de la demande; on a enfin déclaré que l'interdiction portée contre le père de famille de disposer librement de ses biens, maintenait l'égalité.

Non, la liberté qu'apportent ces lois, c'est le délaissement ou l'isolement; l'égalité qu'elles font régner c'est la pauvreté; c'est le découragement qu'elles donnent à ceux qui y participent. L'expérience nous a éclairés : il nous faut repousser l'influence des lois révolutionnaires; elles sont la seconde cause et non la moins puissante du malaise, du mécontentement et de la haine qui ruinent le robuste tempérament de notre chère France.

Le mal est indiqué : nous l'avons constaté dans tous les ateliers voués à l'agitation, et dans la cause occasionnelle de toutes les associations. En même temps, nous avons vu que nul effort tenté directement par l'ouvrier pour se soustraire aux maux auxquels la Révolution l'a réduit, n'avait abouti. Il appartient aux classes dirigeantes de détruire la cause du mal et de la faire connaître au peuple.

Le mal est dans les lois révolutionnaires, il faut les abroger.

Il faut abroger la loi qui interdit la recherche de la paternité.

Il faut rétablir, dans leur sévérité, les contrats d'apprentissage.

Il faut rendre aux populations ouvrières le pouvoir de rétablir l'alliance féconde du patron et de l'ouvrier; cette réforme on l'a vu, ne peut pleinement s'accomplir que par l'initiative du patron.

Il faut enfin détruire la loi du partage forcé. Cette loi aggrave le mal de toutes les autres; c'est la première qui atteigne le fils de l'ouvrier au début de la vie; elle aigrit son âme, elle aveugle son esprit; quelquefois elle amollit son bras, toujours elle l'accable de tristesse, parce qu'elle lui fait entrevoir, pour le moment de sa mort, le partage forcé de la boutique, de la maison ou du champ que ses vertus auront conquis! Alors, que deviendront ses enfants?

Ah! si vous craignez, en rendant à tous les pères la liberté de tester, de détruire les droits de l'égalité, rendez-la seulement aux pauvres et aux ouvriers. Pour eux, la loi du partage forcé, ce n'est point la loi de l'égalité, c'est la loi qui perpétue ou accroît leur misère, c'est la loi qui empoisonne leur cœur pour la vie !

DOCUMENT

Nous extrayons le document suivant du livre de
M. F. Le Play, intitulé *l'Organisation de la Famille.*
Ceux de nos lecteurs que l'étude des questions sociales
préoccupe particulièrement, ne sauraient trouver un
ouvrage plus autorisé, qui leur fasse mieux connaître
les ravages que les lois révolutionnaires ont causés dans
la famille.

Un journalier agriculteur est mort en 1839,
à C*** (Nièvre), après quatre années de veu-
vage, laissant quatre enfants en bas âge. Il possédait, libres de toute dette et de toute hypothè-
que, un petit mobilier, une chaumière, un jardin
potager et un petit champ, ayant ensemble une
valeur de 900 francs. Cette propriété était le
fruit de très-faibles épargnes prélevées, pendant
dix-huit ans, sur le plus modique salaire, au
milieu de dures épreuves et de sévères privations.

Cédant à l'impulsion donnée par les officiers
publics, et voulant aussi mettre à couvert sa

responsabilité, le conseil de famille, composé
en partie d'individus peu attachés aux parents
décédés, décida qu'il y avait lieu de vendre tous
ces biens. La vente, effectuée dans des circonstances défavorables, a produit seulement 725
francs, savoir :

Mobilier. 225 f. oo ⎫
Immeubles. . . . . 5oo   oo ⎬ 725 f. oo

Les frais supportés par les héritiers,
depuis la mort du père jusqu'à l'achè-
vement de la liquidation, se sont élevés
à 694 fr. 63, savoir :

Frais de succession prélevés par le
fisc et par les officiers ministériels,
pour la vente des biens. . . . . . . 643 f. 78 ⎫
Frais de maladie du père, 13 fr.;   ⎬ 694 f. 63
frais d'inhumation, 21 fr.; frais de
deuil, 8 fr. 42   oo ⎪
Droits de mutation. 8   85 ⎭

Il n'est donc resté pour les héritiers
mineurs qu'une somme de. . . . . . . 3o f. 37
Si certaines circonstances favorables ne s'é-
taient pas présentées, et si la succession avait
été compliquée des divers incidents qui se pro-

duisent dans vingt-neuf affaires sur cent, le montant des frais aurait dépassé le produit de la
vente. Il m'a été affirmé toutefois par des personnes fort expertes en ces matières que, lorsqu'une telle éventualité devient probable, les
officiers ministériels trouvent le moyen de supprimer des formalités qui, au contraire, restent
selon eux nécessaires tant que la succession peut
en payer les frais.

Le tableau suivant présente, avec beaucoup
de détails, l'énumération des frais qu'ont dû supporter, conformément au résumé donné ci-dessus, les quatre infortunés mineurs.

DÉTAIL DES FRAIS	SOMMES PERÇUES	
	PAR LE FISC	PAR LES OFFICIERS MINISTÉRIELS, ETC.
FRAIS RELATIFS AU MOBILIER.		
1° *Apposition des scellés (à 15 kilomètres du chef-lieu de canton) :*		
3 vacations au juge de paix, à 2 f. 50.		7f 50 ⎫
3 vacations au greffier, à 1 f. 67.		5 01 ⎬ 13f51
Cire et bande.		1 » ⎭
Timbre.	0f70 ⎫	
Enregistrement du procès-verb.	2 20 ⎭ 2f90	
2° *Assemblée de famille :*		
1 vacation au juge de paix.		2 50 ⎫
1 vacation au greffier.		1 67 ⎪
Timbre (o f. 70) et enregistrement.	2 90 ⎫	⎬ 6 57
Expédition par le greffier : 6 rôles à o f. 40.	⎬ 6 65	2 40 ⎭
3 feuilles de papier timbré à 1 f. 25.	3 75 ⎭	
3° *Sommation au subrogé-tuteur de se trouver présent à l'inventaire, aux jour et heure fixés par le notaire :*		
Original de la sommation, 1 f. 5o; copie, o f. 38.		1 88 ⎫
Indemnité de déplacement. . . .		6 » ⎪
Timbre et enregistrement. . . .	2 90 ⎫	⎬ 9 08
Copie de la délibération de famille en 6 rôles; expédition par le greffier, 1 f. 20; timbre, o f. 35.	⎬ 3 25	⎪
	» 35 ⎭	1 20 ⎭
A reporter.	12f80	29f16

DÉTAIL DES FRAIS	SOMMES PERÇUES	
	PAR LE FISC	PAR LES OFFICIERS MINISTÉRIELS, ETC.
Reports.	12f80	29f16
4° *Levée des scellés :*		
4 vacations au juge de paix.		10f » } 17 50
4 vacations au greffier.		7 50 }
Timbre de la minute du procès-verbal.	»f70 } 5 10	
Enregistrement.	4 40 }	
5° *Inventaire :*		
4 vacations au notaire, y compris les frais de voyage.		15 »
Indemnité au même pour déplacement.		6 66
1 vacation au même pour classement de pièces.		4 » } 55 66
Expédition de l'inventaire : 10 rôles à 1 f. 50.		15 »
Voyage de l'huissier-priseur.		6 »
2 vacations au même..		8 »
Timbre de la minute.	2 10 }	
Enregistrement de 5 vacations, à 2 f. 20.	11 » } 19 35	
Timbre de l'expédition : 5 feuilles à 1 f. 25..	6 25 }	
6° *Taxe du gardien des scellés :*		
12 jours à 1 f. 50.		18 » } 25 20
12 jours à 0 f. 60.		7 20 }
7° *Affiches annonçant la vente :*		
Rédaction de l'original.		1 » } 3 50
Copies..		2 50 }
A reporter.	37f25	131f02

DÉTAIL DES FRAIS	SOMMES PERÇUES	
	PAR LE FISC	PAR LES OFFICIERS MINISTÉRIELS, ETC.
Reports.	37f25	131f02
Timbres de 6 demi-feuilles. . .	2f10 ⎫ 3 20	
Enregistrement.	1 10 ⎭	
8° *Procès-verbal d'apposition des affiches :*		
Rédaction de l'original.	. . . .	2f25 ⎫ 12 25
Voyages..	. . . .	10 » ⎭
Timbre.	» 35 ⎫ 2 55	
Enregistrement.	2 20 ⎭	
9° *Insertion au journal d'annonces :*		
Somme payée à l'imprimeur. .	. . . .	6 »
Enregistrement de la feuille.. .	1 10	
10° *Déclaration de la vente au bureau de l'enregistrement :*		
Timbre.	» 35	
11° *Procès-verbal de vente :*		
2 vacations à la vente.	. . . .	8 »
Voyages, aller et retour. . . .	. . . .	6 »
Timbre de la minute du procès-verbal.	1 40 ⎫	18 »
Enregistrement.	4 40 ⎪ 12 05	
Expédition du procès-verbal de vente par l'huissier, 10 rôles. .	⎬	4 »
Timbre, 5 feuilles à 1 f. 25., .	6 25 ⎭	
12° *État des frais et taxes :*		
1 vacation à l'huissier pour requérir la taxe..	. . . .	1 50
Totaux relatifs au mobilier vendu	56f50	168f77
	225f27	

DÉTAIL DES FRAIS	SOMMES PERÇUES	
	PAR LE FISC	PAR LES OFFICIERS MINISTÉRIELS, ETC.
FRAIS RELATIFS A L'IMMEUBLE.		
13° *Convocation de l'assemblée de famille pour autoriser la vente :*		
Rédaction de l'original.		1 f 50
6 copies.		2 25 } 13 .75
Frais de transport.		10 "
Timbre, 7 feuilles.	2 f 45 } 4 f 65	
Enregistrement.	2 20	
14° *Délibération devant le juge de paix :*		
1 vacation au juge de paix. . .		2 50
1 vacation au greffier.		1 83
Timbre de la minute.	" 70	} 7 53
Enregistrement.	2 20 } 7 90	
Expédition par le greffier, 8 rôles à 0 f. 40.		3 20
Timbre de l'expédition, 4 feuilles à 1 f. 25.	5 "	
15° *Requête pour l'homologation de la vente :*		
Droit de requête à l'avoué. . .		5 50
Timbre.	0 70 } 2 90	
Enregistrement.	2 20	
A reporter.	15 f 45	26 f 78

DÉTAIL DES FRAIS	SOMMES PERÇUES	
	PAR LE FISC	PAR LES OFFICIERS MINISTÉRIELS, ETC.
Reports..	15f45	26f78
16° *Jugement d'homologation et nomination d'expert :*		
Appel de cause à l'huissier. . .	. . . .	0f25 ⎫
1 vacation à l'avoué.	. . . .	4 » ⎬ 7 25
Timbre et enregistrement de la minute.	6f60 ⎫	
Expédition du jugement, 10 rô-les, au greffier..		3 » ⎭
Timbre.	6 25 ⎬ 21 95	
Enregistrement..	9 10 ⎭	
17° *Requête et ordonnance pour faire prêter serment à l'ex-pert :*		
Droit de requête à l'avoué. . .	. . . .	1 5o
Timbre.	» 35 ⎫ 3 65	
Enregistrement..	3 3o ⎭	
18° *Sommation à l'expert :*		
Copie de pièces.	. . . .	1 75 ⎫
Original de la sommation, 1 f. 5o ; copie, o f. 38.	. . . .	1 88 ⎬ 9 63
Voyage de l'huissier.	. . . .	6 » ⎭
Timbre.	1 o5 ⎫ 3 25	
Enregistrement.	2 20 ⎭	
19° *Procès-verbal de prestation de serment par l'expert :*		
1 vacation à l'avoué.	. . . .	2 45
Timbre et enregistrement.. . .	5 1o	
A reporter.	49f40	47f61

DÉTAIL DES FRAIS	SOMMES PERÇUES	
	PAR LE FISC	PAR LES OFFICIERS MINISTÉRIELS, ETC.
Reports..............	49f40	47f61
20° *Expertise et estimation de l'immeuble :*		
Voyages pour prêter serment, 3 vacations à 6 fr............	....	18f »
Expertise proprement dite, 1 vacation.	....	6 »
Rédaction du rapport, 2 vacations.	....	12 »
Dépôt du rapport au greffe, 3 vacations............	....	18 » 57 »
Timbre et enregistrement du rapport..............	3f60	
Dépôt au greffe : timbre et enregistrement.	5 10	
Expédition du rapport par le greffier, 10 rôles.........	24 05	3 »
Timbre de l'expédition, 5 feuilles à 1 f. 25..............	6 25	
Enregistrement.............	9 10	
21° *Requête pour l'homologation du rapport, l'ordonnance de vente et l'ordonnance de soit communiqué :*		
Droit de requête à l'avoué...	....	5 50
Timbre...............	» 70	
Enregistrement...........	3 30 4 »	
A reporter.............	77f45	110f11

DÉTAIL DES FRAIS	SOMMES PERÇUES	
	PAR LE FISC	PAR LES OFFICIERS MINISTÉRIELS, ETC.
Reports..........	77f 45	110f 11
22° *Jugement d'homologation :*		
1 vacation à l'avoué........		4f »
Appel de cause à l'huissier...		» 25 } 7 25
Timbre et enregistrement de la minute............	6 60	
Expédition par le greffier, 10 rôles.............	} 21 85	3 »
Timbre, 5 feuilles à 1 f. 25..	6 25	
Enregistrement..........	9 »	
23° *Cahier des charges pour la vente :*		
16 rôles à 1 f. 5o........		24 »
Timbre.............	5 60	
Enregistrement.........	2 20	} 26 45
Dépôt au greffe par l'avoué : 1 vacation...........	} 12 90	2 45
Timbre et enregistrement de l'acte de dépôt........	5 10	
24° *Confection des affiches annonçant la vente :*		
Rédaction de l'original.....		4 50
Timbre.............	» 35	
Enregistrement..........	2 20	} 34 50
Impression à 20 exemplaires..	} 9 55	30 »
Timbre des affiches imprimées.	7 »	
A reporter..........	121f 75	178f 31

DÉTAIL DES FRAIS	SOMMES PERÇUES	
	PAR LE FISC	PAR LES OFFICIERS MINISTÉRIELS, ETC.
Reports..........	121f75	178f31
25° *Publication du cahier des charges à l'audience :*		
Vacation à l'avoué..........	....	2f45 ⎱
Appel de cause à l'huissier...	....	» 25 ⎰ 2 70
Timbre et enregistrement de la minute..........	5 10	
26° 1re *insertion au journal :*		
Rédaction de l'extrait.....	....	1 50 ⎱
Frais d'insertion dans le journal...............	....	10 » ⎰ 13 »
Légalisation de la signature de l'imprimeur : 1 vacation...	....	1 50
Enregistrement de la feuille jointe à la procédure.....	1 10	
27° 1re *apposition d'affiches :*		
Rédaction du procès-verbal d'apposition..........	....	3 » ⎱
Frais de transport.......	....	10 »
Timbre..........	»f35 ⎱ 2 55	14 50
Enregistrement.......	» 20 ⎰	
Visa de l'original.......	....	1 50 ⎰
28° 2° *apposition d'affiches :*		
Mêmes frais que pour la 1re.	2 55	14 50
29° 3° *apposition d'affiches :*		
Mêmes frais que pour la 1re.	2 55	14 50
A reporter.........	135f60	237f51

DÉTAIL DES FRAIS	SOMMES PERÇUES	
	PAR LE FISC	PAR LES OFFICIERS MINISTÉRIELS, ETC.
Reports..............	135f60	237f51
30° *Adjudication préparatoire :*		
1 vacation de l'avoué.......	....	4f50 } 5 25
Appel de cause par l'huissier..	....	» 75 }
Timbre et enregistrement de la minute...............	6 60	
31° *2° insertion au journal :*		
Mêmes frais que pour la 1re..	1 10	13 »
32° *Adjudication définitive :*		
1 vacation à l'avoué.......	....	12 » }
Appel de cause par l'huissier..	....	3 75 } 18 75
État en 30 articles et timbre..	» 70	3 » }
Totaux pour l'immeuble vendu.	144f »	274f51
Rappel des frais relatifs au mobilier vendu.........	56 50	168 77
Totaux.........	200f50	441f28
Total général.......	643f78	

TABLE DES MATIÈRES.

17

IMPRIMERIE EUGÈNE HEUTTE ET Cⁱᵉ. A SAINT-GERMAIN.

www.ingramcontent.com/pod-product-compliance
Ingram Content Group UK Ltd.
Pitfield, Milton Keynes, MK11 3LW, UK
UKHW020729120726
13693UKWH00001B/241